教職を少しでも長く続けるための
無理をしない働き方

教師がつらいときに読む本

絵・文
観世 あみ

かもがわ出版

はじめに

つらい〜ん……
ずー
授業も指導も失敗するし
仕事たまるし
?
何もかもがイヤ……
佐藤先生あそぼ〜ッ!
失礼します!佐藤先生いますかっ?
は〜い!今いくね〜〜!
パッ
きりかえっ!

つらい。子どもがつらい。保護者がつらい。職員がつらい。業務がつらい。心身ともにつらい。もはや教師という仕事そのものがつらい。でも、今まで教師を続けてきた。つらいけど頑張っている。この本を手に取ってくださる方の中にはそんな先生も多いのではないでしょうか。

私、この本の筆者の観世あみも教師経験があります。中学校教諭数年、小学校教諭数年。一度退職してから学校現場に復帰し、現在は小学校の特別支援教育支援員として勤務して数年になりますが、今日に至るまでつらいことも多かったです。要領がいい方ではないので失敗も多く、つらい、つらいと嘆きながら頑張ってきました。つらいと思うなら、なぜこの職を続けるのか。それはきっと、なんだかんだ言ってもこの仕事が好きだからです。

本書『教師がつらいとき読む本 ～教職を少しでも長く続けるための無理をしない働き方～』は、そんな私が書いた、つらい先生のつらい先生によるつらい先生のための本です。楽になれる働き方や考え方を漫画とコラムで簡単にご紹介します。また、苦難を乗り越えてこられた先生方の経験談も多数掲載し、現在進行形でお困りの先生を色々な角度から支えられるような本を目指しました。あなたのつらさを軽くする方法もきっとこの中に載っていることと思います。息抜きのつもりでご覧ください。

もくじ

はじめに　2

第1章　つらくならないための考え方　9

完璧主義はやめていい　10
自分が第一でいい　12
一人では何もできないけど別にいい　14
失敗は取り戻せばいい　16
学校以外の世界を持てばいい　18
先生がつらかったときの話①　中学校教諭　三色団子先生　20

第2章　子どもがつらいとき　21

指導が入らなくてつらい　22
教室が落ち着かなくてつらい　24
子どもが反抗的でつらい　26
子ども同士のトラブルがつらい　28

気になるトピックから
お好きなように
お読みください……

子どもになめられてつらい …… 30
子どものウソを見抜けなくてつらい …… 32
子どもの気持ちがわからなくてつらい …… 34
子どもに腹が立ってしまってつらい …… 36
同時対応ができなくてつらい …… 38
子どもを叱ることがつらい …… 40
褒《ほ》めることができなくてつらい …… 42
子どもとの人間関係作りができなくてつらい …… 44
学校方針への子どもの反発がつらい …… 46
支援を要する子どもが多くてつらい …… 48
いじめの対応がつらい …… 50
不登校の対応がつらい …… 52
先生がつらかったときの話② 元中学校教諭 転職中元教師さん …… 54

第3章 保護者がつらいとき …… 55

恐怖を感じてつらい …… 56
要求が多くてつらい …… 58
話が長くてつらい …… 60
嫌われてつらい …… 62
連絡がとれなくてつらい …… 64
保護者同士のトラブルがつらい …… 66
先生がつらかったときの話③ 小学校教諭 かんちゃん先生 …… 68

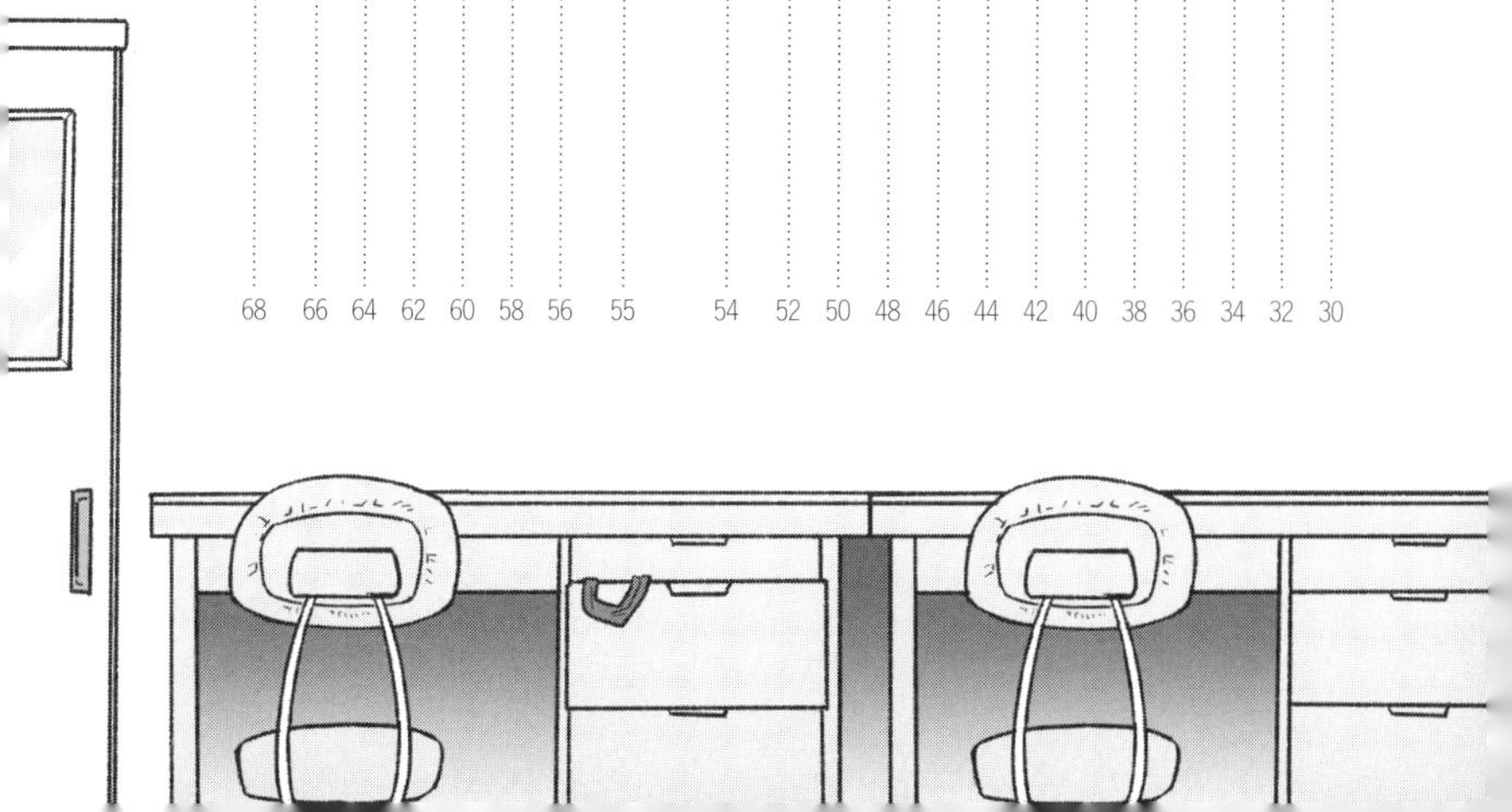

第4章　職員がつらいとき …… 69

仲良くなれなくてつらい …… 70
叱られてばかりでつらい …… 72
助言が多すぎてつらい …… 74
他の職員のフォローがつらい …… 76
意見がぶつかってつらい …… 78
悩み事をわかってもらえなくてつらい …… 80
飲み会や食事に行くことがつらい …… 82
職員同士のトラブルに巻き込まれてつらい …… 84
問題を起こす職員がつらい …… 86
パワハラがつらい …… 88
職員室がつらい …… 90
先生がつらかったときの話④　特別支援学校講師　特別支援常勤講師5年目の先生 …… 92

第5章　業務がつらいとき …… 93

指導方針が決められなくてつらい …… 94
指導時間が計画通りに進まずつらい …… 96
提出物のチェックがつらい …… 98
成績処理がつらい …… 100
所見がつらい …… 102
会議が長くてつらい …… 104
主任仕事がつらい …… 106
面談がつらい …… 108
仕事がたまってつらい …… 110

休日が取れなくてつらい ······ 112
先生がつらかったときの話⑤ 元中学校・高等学校講師 ぺんぺんぐささん ······ 114

第6章 心身ともにつらいとき ······ 115
体の疲れがとれなくてつらい ······ 116
不安感が消えなくてつらい ······ 118
病気でつらい ······ 120
理由はわからないけどとにかくつらい ······ 122
先生がつらかったときの話⑥ 小学校教諭 ナリ先生 ······ 124

第7章 それでも教師を辞めたくなったら ······ 125
教師であることのメリットを考えよう ······ 126
休職をしよう ······ 128
異動をしよう ······ 130
転職活動をしよう ······ 132
退職しても戻ってくることができる ······ 134
教師を続ける理由 ······ 136
先生がつらかったときの話⑦ 高等学校講師 モーリー先生 ······ 138

第8章 それぞれの校種・勤務形態の良さとつらさ ······ 139
小学校の良さとつらさ ······ 140
中学校の良さとつらさ ······ 142

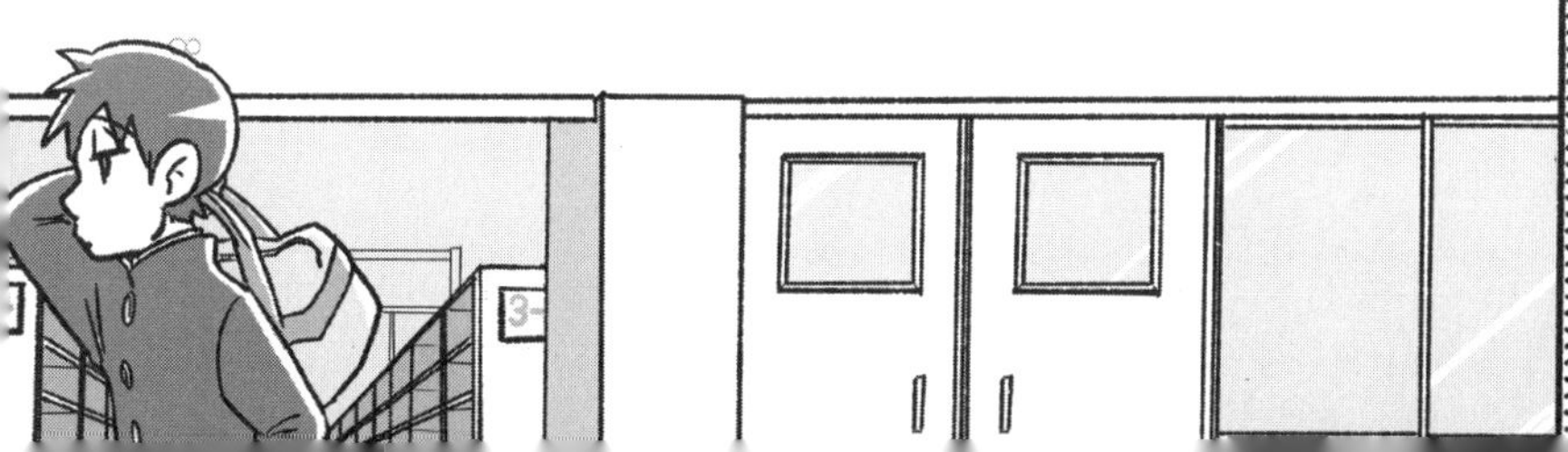

高等学校の良さとつらさ 144
特別支援学校の良さとつらさ 146
公立学校の良さとつらさ 148
私立学校の良さとつらさ 150
通信制学校の良さとつらさ 152
常勤の良さとつらさ 154
非常勤の良さとつらさ 156
先生がつらかったときの話⑧ 中学校教諭 ミルクティー先生 158

第9章 それぞれの立場から「教師のつらさ」について考える 159

学級通信を業務改善に役立て仕事のつらさをなくす 小学校教諭 匿名希望の先生 160
特別支援に携わった経験が通常学級支援のつらさを変える 中学校教諭 キャベツ先生 170
職員室を円滑に回すことで教師のつらさを軽減 小学校教頭 のぼさん先生 178
教師のつらさを取り除くためにも行動を 埼玉県教職員組合 金井宏伸先生 182
先生の体験談 番外編 高等学校講師 モーリー先生のナミビア体験談 192

第10章 つらい先生にメッセージ 193

おわりに 202
主要参考文献 204

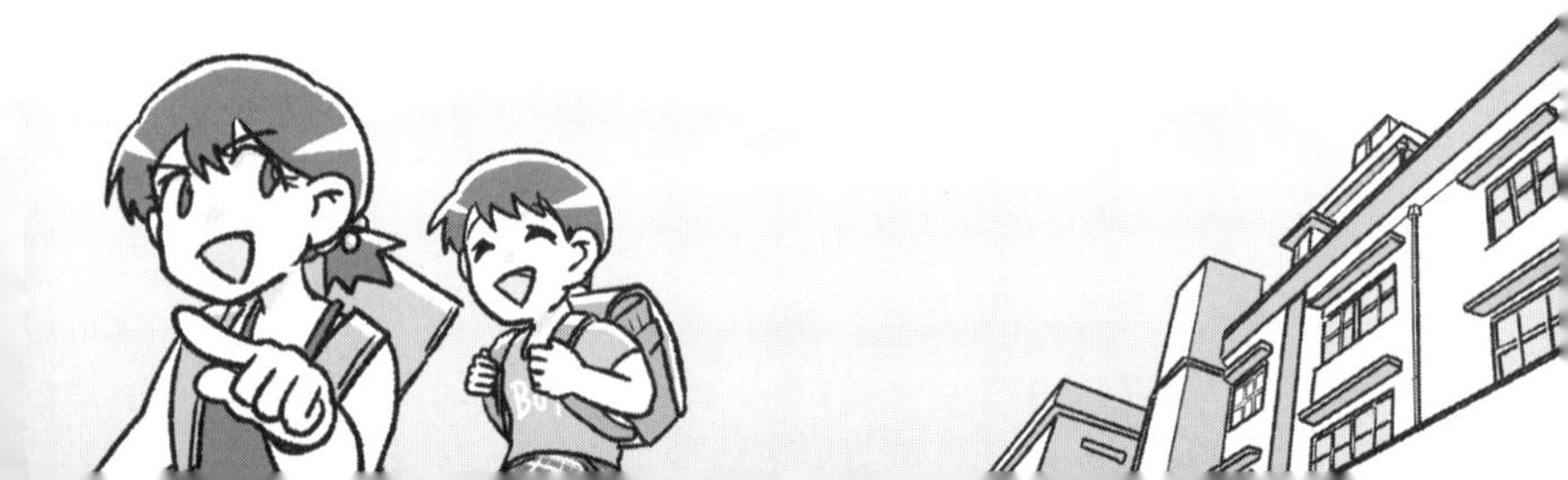

第１章
つらくならないための考え方

教師になる人は真面目な性格で、仕事熱心な人が多いと言われています。それ自体は悪いことではないのですが、行き過ぎると自分を苦しめることになるかも…!?　第１章では、頑張りすぎてしまう人のために、つらくならない考え方を紹介します。

完璧主義はやめていい

いけない もう生徒が 登校する
教室で 待って なきゃ
授業前に 指導書も 見直したいし
教室はきれいに 保たなきゃ いけないし
あっ
来週締め切りの 調査票まだ 書けてない！
仕事が まわらない どうしよう どうしよう
あの先生 何をあんな 焦ってるの？
さぁ？

あれもこれも、完璧にこなす。できることは全部やる。仕事のクオリティを落としてはいけない。そんな風に考えていませんか？　完璧主義はつらさの元。自分を苦しめる原因になってしまいます。

筆者も初任の頃に先輩教師に言われました。「全部の仕事を完璧にやろうとせず、ある程度は手を抜けばいい。丁度いい手の抜き方は働いているうちに身についてくる」と。

教師の職務は多岐にわたります。児童・生徒指導、保護者対応、学級経営、授業、学校行事、研修会や書類作成。中学校や高等学校の先生方は部活動指導や進路指導もありますね。その他、細々した業務を数えだすときりがありません。

それら全てを完璧にこなすのは不可能です。むしろ、つらいときは「出勤できたからＯＫ」というぐらい、ハードルを低くしても大丈夫。教師不足が叫ばれる昨今、出勤するだけで立派に社会貢献できているのです。

時間は有限、人間の体力や気力も有限。常に全力だとすぐに限界が来てしまいます。多少の手抜きは職務遂行上必要なことですし、少しくらい力を抜いても誰も困りません。案外どうにかなるものです。完璧を目指さず、少し手を抜き、ゆとりをもって働くよう意識しましょう。

自分が第一でいい

今週土曜に市内の教師の親睦会があるんだけど…
えっ…
急な話だなぁ…用事もあるし行きたくない…
でも断りづらいし…予定は別の日にずらせばいいし…
大丈夫ですよ参加します
ホント!?ありがとう助かるわぁ~
この先生は何でも断らずに引き受けてくれて頼みごとしやすいのよねぇ
何かあったらまたこの先生にお願いしましょ

Mon. Tue. Wed. Thu. Fri. Sat. Sun.

子どもたちのため。学校のため。何かと他人のために滅私奉公を強いられる場面が多い教師の仕事ですが、一番大事なのは自分だという考え方を忘れてはいけません。

周囲の人間のために尽くすことも、それはそれで悪いことではないのかもしれませんが、加減を間違えると自分がつらくなります。体や気持ちがつらくなってくると仕事のパフォーマンスが落ち、かえって周りに迷惑をかけることにもなりかねません。

何より、何でもかんでも他人を優先しだすと際限がなくなります。ある程度のところで線引きをしないと、気遣いしなきゃいけない場面がどんどん増え、自分のことが何もできなくなります。余分な仕事はやめてしまえばいいし、他の人よりも早く退勤していいし、休日出勤しなくていいし、自分の役割以外の仕事は断ってもいいし、嫌なことは嫌と言っていいし、つらかったら年休をとってもいいんです。

まずは自分を守ること。自分がつぶれてしまってはどうにもなりません。自分を大事にできているからこそ、子どもや学校のために働くことができるのです。

あなたを守ることができるのは、他ならぬあなた自身だけなのです。自分第一でいきましょう。

前日までの準備は手伝います、
次は参加します……
などと言うと断るのも気が楽

Tue. Wed. Thu. Fri. Sat. Sun.

一人では何もできないけど別にいい

怒った生徒が暴れてる
わーっ!!
きゃーっ
私がどうにか止めないと…
そういうときは他の先生に応援頼むんだぞ……
…はい

自分だけで頑張らなきゃ、自分だけで解決しなきゃ。そうやって自分を追い込んではいませんか？　一人で全てを解決しようとすることは危険なこと。むしろ、一人では何もできないと考えた方が良いです。

学校の仕事は組織で行うものです。数十人、数百人という子どもが関わってくる大規模な仕事や、いじめ問題や不登校対応など解決が難しい複雑な案件が多く、一人の教師だけでそれらを対処することは無謀です。

問題を一人で抱え込むと仕事が回らなくなったり、事態が悪化してしまったりと、ろくなことになりません。自分で何とかしたいという責任感の強さは素晴らしいことだと思いますが、それが結果として自分を追いつめ、つらい状況を作ってしまうのです。他の先生に相談したり仕事を割り振ったり、上手く連携を図ることで仕事は楽になります。

持ちつ持たれつ。お世話になった先生には別の機会に恩返しをすれば、何も問題はありません。助け合ったり補い合ったりするために組織は存在しています。一人では何もできないけど、別にそれでいいんです。

失敗は取り戻せばいい

3組の数学の授業
失敗した
生徒の発言を上手く拾えなかったし
発問も悪かったかも
生徒の反応薄かったし
あ～もう…ごめんね3組のみんな…
明日の3組の数学の準備を聞きにきました

π＝3.14159265358979323846264 3

失敗は必ず起こります。いくら綿密な準備をしても、どれだけ気を付けても、起こるときには起こるものです。

授業が計画通りにいかないこと。指示の内容を間違えてしまうこと。子どもの指導が上手くいかないこと。保護者を怒らせてしまうこと。職員同士でもめてしまうこと。採点ミス。時間割変更の伝達漏れ。書類の紛失。遅刻。誤字。脱字。失敗なんていくらでも起こります。ヒューマンエラーをなくすことはできません。誰も彼も、何かしらの過ちを犯しながら仕事をしているのです。大事なのは失敗をしないことではなく、失敗した後にどうするかだと私は思っています。

謝るなり、フォローするなり、他の部分でカバーするなり、次にどうするか考えるなり、失敗を取り戻す方法はたくさんあります。今はどうにもならない問題も、時間が解決してくれる場合も多いですし。いつかは絶対どうにかなります。

筆者もこれまで失敗と反省を繰り返してきましたが、今も学校で働いていますし、どうにかなっています。……少なくとも、クビにはなっていません。

失敗を反省することは大事ですが、気にしすぎは体に毒。

失敗は取り戻せばいいと考えた方がつらくありません。

383279502884197169399375

学校以外の世界を持てばいい

教師であることに疲れたので旅に出ることにした
ガタンゴトン…
学校のことは忘れよう
……
来週の授業のネタになりそう…!
写真も見せよ…子どもたち喜ぶかな
カシャッ

学校のことばかり考えているとつらくなります。世界は学校だけではありません。学校以外の世界に触れることでリフレッシュし、心身の健康を保つのです。

学校以外の世界に触れること、例えば、学校関係者以外の人に会ってみたり。習い事をやってみたり。旅行に行ってみたり。ライブに行ってみたり。スポーツ観戦に行ってみたり。カラオケに行ってみたり。飲みに行ってみたり。漫画、読書、映画、テレビ番組、ゲーム、動画の視聴など自宅で出来る趣味もいいですね。

ちなみに、筆者の場合は支援員の仕事と漫画家の仕事を兼業しているので、そこで気持ちを切り替えることができている気がします。夏休みや冬休みなどの長期休暇中は学校の仕事がなくなるので、学童保育のアルバイトもしています。倉庫や工場の日雇いバイトをやった時期もありましたね。このように、非常勤の先生は体力や気力に余裕があるなら、別の仕事を兼業してみるのもいいでしょう。

とにかく学校に無関係なことをする機会を作り、仕事から離れるのです。そうすることで自分の心の中に余裕が生まれ、視野が広くなり、結果的に仕事がちゃんと回るようになってきます。自分が教師ではなくなる時間を作り、その時間を大事にしてください。

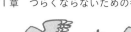

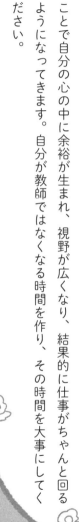

先生がつらかったときの話①

中学校教諭 三色団子 先生

コロナの時期、辞められないまま続けて今です。

三色団子先生
（20代／女性／中学校教諭）

第2章
子どもがつらいとき

　教師の本分は子どもの指導。仕事がスムーズに回るかどうかは、子どもとの関係が上手くいくかどうかが大きく関係してきます。

　子どものことがつらくなるのはどんなときか、どうすればつらさが解消できるのかをまとめました。

指導が入らなくてつらい

毎日忘れ物をする子ども。何度も同じ相手と喧嘩を繰り返す子ども。いくら注意しても私語をやめない子ども。何回指導しても問題行動を繰り返す子どもはいます。注意されたことを忘れてしまったり、そもそも理解できていなかったり、場合によっては大人に反発して、あえて指導を聞かないという子どももいるでしょう。

同じ問題を繰り返す子どもに対してどう接すればいいのか。それは、「指導は積み重ねるもの、長期的に行うもの」と割り切った上で指導にあたることです。数回の指導だけでは無理なのです。長期戦でいきましょう。

もちろん、原因の分析は必要だと思います。なぜその行動を繰り返してしまうのか…能力的な問題なのか、規範意識が育っていないのか、何か思いや悩みがあるのか…原因や背景を探った上で、指導の仕方を工夫すれば、事態は少しずつ改善に向かうでしょう。

しかし、それでもすぐに改善できるとは限らないのが子どもの問題行動。いずれにせよ、長期的な目線は必要になってきます。焦る必要はありません。ゆっくり、じっくり、コツコツ積み重ねていけばいいのです。

また、子どもとの関係性が良好だと指導が入りやすくなる場合もあります。指導するそのときだけではなく、普段からの関わりも大事にしてください。

教室が落ち着かなくてつらい

カリカリカリカリカリカリカリカリ…

落ち着かない授業、教室。指示が通りにくく、トラブルも増えるため、子どもにとっても担任や授業者にとっても良くない状態です。こうなってしまう原因として考えられることと対処法を述べていきます。

考えられる原因の一つ目は、担任や授業者が、子どもが静かになるまで待てていないということ。子どもが私語をしている状態で全体指導を進めてしまうと、子どもは「この状態でいても大丈夫なんだ」と感じ、静かにしなければいけないという意識がなくなっていきます。話を進めることよりも、全体を落ち着かせることを優先した方が授業はスムーズに進みます。

原因の二つ目、それは子どもたち自身が「自分たちがうるさい」ということに気付いていないこと。自分たちを客観視できていないケース。「発表者の声が教室のすみまで聞こえる状態」「鉛筆の音が聞こえるくらいの静けさ」など、目指すべき状態を具体的に伝えるといいでしょう。

三つ目、子どもの集中力。長時間静かに待つ行為が苦手な子どもが多いと、授業が進むにつれ落ち着かなくなります。話を聞く時間は1回5分におさえる、子どもが手持無沙汰にならないよう隙間時間に行う課題を用意するなど、授業に飽きさせない工夫が必要でしょうね。

カリカリカリカリカリカリカリカリ…

子どもが反抗的でつらい

何かにつけて否定的、攻撃的な態度ばかりとる子ども。「はいはい、そんな子どももいるよね」と心の中で受け流すことができれば、こちらも心情的には楽です。割り切ったり、少しだけ子どもと離れたりして、自分の心に余裕を作った上で、子どもの反抗の理由を見極め対応を考えましょう。

対応する上で見るべきは、反抗している対象です。子どもは誰に反抗していますか？もし、他の先生には反抗せず、あなたにだけに反抗している場合、指導が厳しすぎると思われていたり、過去の言動が理由で不満を持たれてしまったのかもしれません。和解したければ、話し合いの場を設けて子どもの意見を聞けばいいでしょう。直接話をすることが難しいときは、他の教師に子どもの気持ちを聞き取ってもらい、解決にもっていくのも良いかと思います。無理に動かず、様子を見守るのも一つの方法です。

特定の教師ではなく、いろいろな教師に反抗している場合。このケースは根が深く、子どもの態度が軟化するには少し時間がかかります。他者意識や思いやりの気持ちの欠如、コミュニケーション能力の乏しさ、大人への信頼感のなさ、ストレスが背景として考えられる事象です。問題行動・問題発言については適宜指導し、その上で普段からの関わりを大切に。他の先生とも情報交換し、連携して見守り、指導するのがいいでしょう。

子ども同士のトラブルがつらい

上杉さんがバカって言いました！
武田さんがアホって言いました！
上杉さんが順番抜かししました！
武田さんが背中押してきました！
上杉さんがサッカーしてくれません！
武田さんがドッジボールしてくれません！
別々に遊んだら？
嫌です！

子ども同士のトラブルは起こってしまうものです。学校とは違う個性、違う考え方の子どもが集団生活を行う場所ですから、これは仕方がないこと。トラブルがいじめにまで発展するようなことはあってはいけませんが、子ども同士のぶつかり合いはある程度起こるものとして考え、その上で他者との関わり方を学ばせる方が、子どもの成長にとっても教師のメンタルにとっても良いと思います。

もちろん、悪いことは悪いと指導する必要はあります。相手に暴力をふるうこと、悪口を言うこと、嫌がらせをすること、他の人に負担を押し付けること、ルールをやぶること、危険なこと、などなど。教師が叱るべきポイントできちんと叱り、人として守るべきことを指導しているのなら、当人同士の話し合いで解決させてもいいと考えています。

もし、子どもだけで問題が解決せず、教師が介入しなければいけなくなった場合……。関係者の話を順番に聞き、意見を吐き出させ、それらを教師の方で整理し、反省させるなり、改善策をいっしょに考えるなりするのが一般的な指導の手順でしょうか。一度トラブルが解決しても、何度も同じ相手と揉める子どももいますが……これはもう、当人同士の相性が悪いと考えるしかないです。少し距離を置かせるような配慮が必要かもしれません。

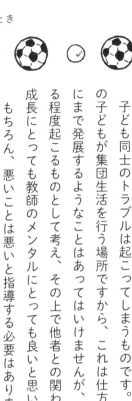

子どもになめられてつらい

140cm

130cm

子どもは時として残酷なもので。「この先生には何をしても大丈夫だな」と思ったとたん、なめてかかってくる子どももいます。一度なめられると指導しづらくなり大変ですよね。なめられ対策をいくつかご紹介します。

一つは、適切な場面できちんと叱ること。迷惑行為をした子どもをすぐに注意する。悪口や差別につながる不適切な発言はちゃんと指摘する。授業妨害はその場で指導する。優しい先生はなめられがち、という話もありますが、そうとは限りません。悪いことは悪い、ダメなものはダメと、ピシッと叱ることができれば、普段は優しい先生でもなめられづらくなるでしょう。叱ること自体が苦手……という人は、40ページの「子どもを叱ることがつらい」も併せてお読みください。

二つ目は、「この先生はしっかりして安心感がある」という風に信頼されること。1日の流れ、行事の動き、授業内容などは、事前準備や確認をしっかりし、子どもにパッと適切な指示を出すこと。前を向いてはきはきと話し、堂々とした態度で子どもの前に立つこと。この積み重ねが大切だと考えています。

ちなみに筆者は初任者の頃、仕事の事前準備が不十分で常に不安そうにしているため生徒になめられてました。背も小さく中学生の平均より身長が低いので、よくいじられました。苦い経験です。

10cm

0cm

子どものウソを見抜けなくてつらい

子どもを信じることは大事だとも言われていますが、信じることとウソを見逃すことは別問題。よくある子どものウソをいくつかご紹介します。

よくあるのが、何か悪さをしたときに「自分はやっていない」とウソをつくケース。悪気はなくても、ケンカなどで興奮、混乱していると「自分は悪くない」と思い込んで自覚なくウソをついてしまうこともあります。教師が現場を直接見ていなかった場合は、目撃者の証言や証拠を集め、本当のことを認めるようはたらきかけます。裏付けを丁寧に行いましょう。

この他にも、保護者のサインが必要なもの……例えば健康観察表や面談の書類などに自分でサインをして「サインもらってきました」とごまかすケースもよくあります。筆跡を見れば、サインが本人のものか保護者のものかある程度判別がつきますが、もしも白を切られた場合は保護者に確認をとりましょう。「念のためにお家の人に電話で確認とるけどいい？」と聞くと「ごめんなさい自分で書きました」と白状することが多いです。

一回の指導で子どもがウソを認めない場合は信じたフリ、だまされたフリをして泳がせるのも一つの方法です。その後、同じことをしないか様子をよく観察します。同じことをした場合は改めて指導、何もなければ深追いはしない。行動や態度に改善が見られればそれで良しとする考え方です。

子どもの気持ちがわからなくてつらい

どうしたの
…………
何も話してくれない…
子どもの気持ちがわからない…どうしよう…
問題がわからなくて落ち込んでるんだって

怒る子ども。泣く子ども。ふさぎこむ子ども。問題行動を起こす子ども。パニックになる子ども……。

なぜそうなったのか、理由がわかれば何かと対処ができるのですが、原因がわからなくて対応に困ることもありますよね。本人の口から説明してくれれば話は早いのですが、言ってくれないときや話せる状態ではないとき……本人自身も理由がわかっていないときもあります。

そんなときでも、事情をよく知る周りの人に話を聞いて推理することは可能です。学級担任、授業担当、近くで見ていたクラスメイト、仲が良い友だち……。子どもの異変が何らかのトラブルによる一時的なものなら、聞き取りで原因が判明することも多いです。学校内の出来事だけでなく、家庭の問題が子どもの様子に影響していることもよくあるので、家庭連絡を入れ、保護者から話を聞くのもいいでしょう。

この他、感情を表に出さない子どももいますよね。元々感情表現が乏しいタイプだったり、こちらに心を開いていなくて表情が固かったり。こうした子どもの気持ちを理解するには、やはり普段からの関わりが大事です。接触回数を増やしたり、細かい変化に気付けるよう観察していると、少しずつ感情や考えが理解しやすくなります。他の先生や保護者から普段の様子を聞き、本人のことを知る努力も必要になるでしょう。

子どもに腹が立ってしまってつらい

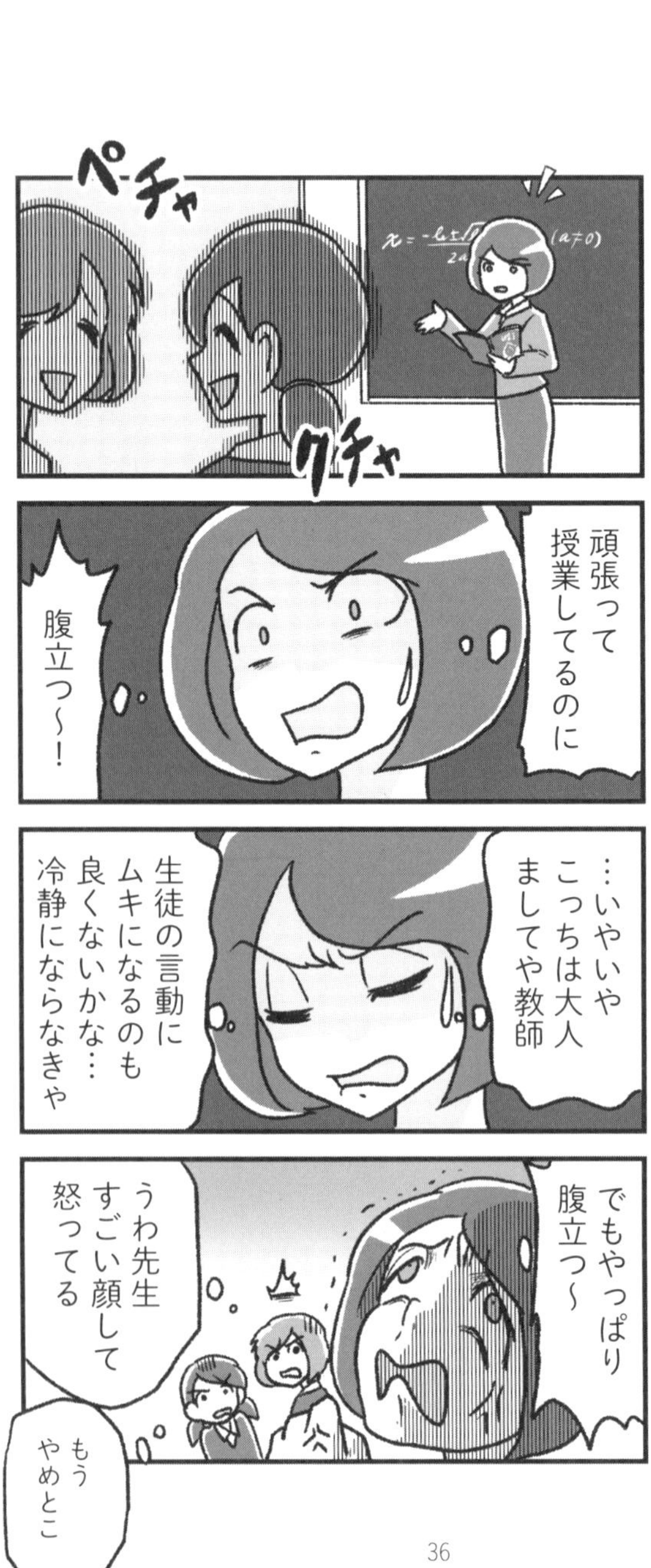
ペチャ
クチャ
頑張って授業してるのに
腹立つ～！
…いやいやこっちは大人ましてや教師
生徒の言動にムキになるのも良くないかな…冷静にならなきゃ
でもやっぱり腹立つ～
うわ先生すごい顔して怒ってる
もうやめとこ

教師も人間です。いくら教え子が大事だとしても、腹が立ってしまうものは仕方がないです。そんなときもあります。中にはわざと教師を怒らせて遊ぶ子どももいますし、子どもの言動を全て受け止めるのも無理がありますよね。

教師だって、腹が立ったときは正直に子どもに伝えてもいいと思います。むしろ、それが子どもの指導につながるなら、教師の感情はきちんと伝えていくべきだと考えています。腹が立ったときだけでなく、悲しくなったときや、うれしくなったとき、怖くなったときも同様です。

筆者も子どもに嫌なことを言われたとき、されたときは「今の言い方は嫌だった」「今、先生は怒ってるよ」と言うようにしています。特に、正論を聞き入れない子どもや、ルールを守る意識がない子どもは、こうした感情に訴えかけるような言い方の方が心に入っていきやすいようです。

もちろん、教え子への伝え方は大切です。厳しめに叱るのか、静かに淡々と言って聞かせるのか、話の内容、言葉選びなどなど……。ただ感情的に怒るのではなく、何をどのように話すのかを考え、子どもの反応も見て計算しながら適切に叱ることができれば、こちらが子どもに対して抱いた負の感情も、指導として昇華させることができるでしょう。

同時対応ができなくてつらい

子ども30人、40人に対して教師一人。子どもの数に対して教師の数が少ないですよね……。一つの部屋に職員が２人以上配置されるように定められている保育所や学童保育と比較しても、異常だと思います。早急に改善すべきだと感じますが、とりあえずこのページでは、教師個人が現状で可能な対処法をご提案します。

まず、目線8の字。これは筆者が初任者の頃、教わったことです。教室全体を見回し、子どもの様子を把握、何か起こったときにもすぐに対応する。そのための方法が、目線を8の字に動かすよう意識し、教室内のあらゆる場所を見回すということです。マンガの横井さんのような子どものエスケープにもすぐ気付けます。

また、教室では同時に複数の事件が起こることもよくあります。トラブル対処の優先順位も考えなければいけません。まず優先すべきは、ケンカなど子どもがケガをする危険性があるトラブルでしょう。子どもの安全確保が第一です。一人で対応が難しい場合は、近くの教師に助けを求めることも視野に入れてください。緊急性が高く現場を離れることができないときや近くに他の教師がいないときは、子どもに先生を呼んできてもらいましょう。

子どもを叱ることがつらい

本能寺の変
授業を聞かずにしゃべってる生徒がいる…
嫌だなぁ…
でも生徒叱るの苦手だし…
困ったな
先生
注意してくれないいんですか

教師の中にも、子どもを叱ることが苦手という先生はいます。筆者自身も初任者の頃はそうだったので叱れない先生の気持ちもわかります。今までの人生で怒りなれていない温厚な人だと、どう叱っていいのかわからない、ということもあるのかもしれません。

しかし、「子どもになめられてつらい」のトピック、31ページでも述べたように、ダメなことはダメだと伝えていく必要はあります。何も指導しないことは問題を起こした子ども自身のためにもなりませんし、問題行動を放置してエスカレートさせてしまうことが授業・学級崩壊につながるからです。そうなると他の子どもにも悪影響、教師も働きづらくなります。

叱ることが苦手だという人に念頭に置いてほしいことは、必ずしも厳しい指導をする必要はない、ということ。問題行動を指摘するだけでも指導は成立します。静かに低い声で、ゆっくり話すなど、声色や話し方をいつもと変えるだけで、こちらの真剣さは伝わりやすくなります。

また、声をかけずに気付かせる方法もあります。目線を送るだけで教師が言いたいことを察して行動を改めることは多いですし、指導したい子どもをあえてスルーし、他の子どもを褒めることで、自分の問題に気付き、直す子どももいます。実践しやすい指導方法を模索してみてください。

褒《ほ》めることができなくてつらい

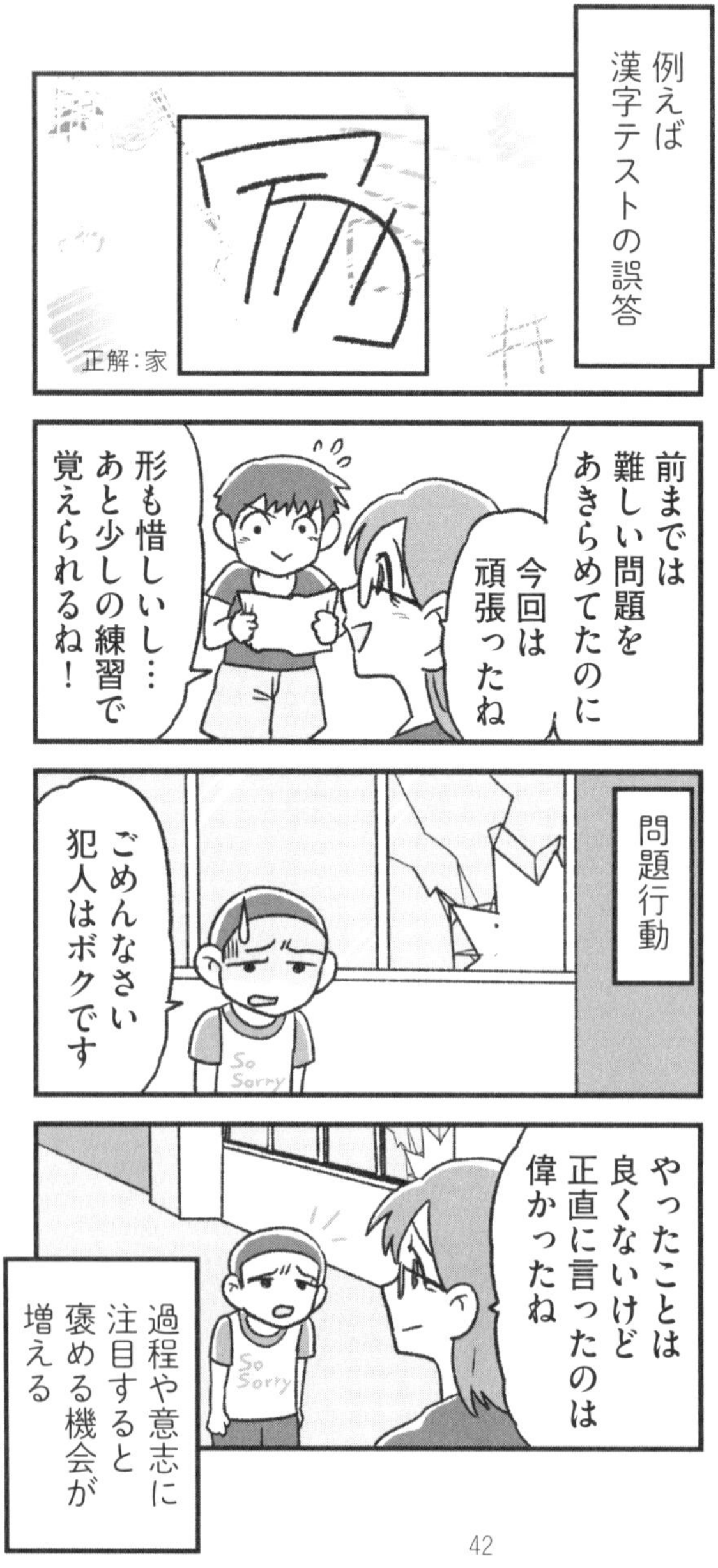
例えば
漢字テストの誤答
正解：家
前までは
難しい問題を
あきらめてたのに
今回は
頑張ったね
形も惜しいし…
あと少しの練習で
覚えられるね！
問題行動
ごめんなさい
犯人はボクです
So
Sorry
やったことは
良くないけど
正直に言ったのは
偉かったね
過程や意志に
注目すると
褒める機会が
増える

褒めることは子どもとの関係づくり、指導の基本です。善行。努力。成長。早さ。丁寧さ。指示通りの動き。自分で考えた上での動き。創意工夫。子どもの様子をよく見れば、褒めるポイントは見つかります。

しかし、どこでどう褒めればわからない人もいらっしゃるかもしれません。小学校教師であり、複数の教育書の著者でもある中村健一先生は自身の著書「策略―ブラック新卒1年目サバイバル」（明治図書、2022）の中で「若手はあんまり褒めない」と指摘しています。教師経験が浅い人は褒めるための引き出しが少ないため、チャンスを逃しやすいとのことです。

褒めるチャンスを増やすためには、結果だけではなく、活動の過程や、やり遂げようとする意志に注目・評価しましょう。低学力、問題行動などの理由で褒められ慣れていない子どもは、特にしっかり。苦手な学習を頑張ったね、座って話を聞く時間が昨日より延びたね、間違えたけど最後まで言い切ったね、など。褒めて成功体験を積むことが自己肯定感の向上にもつながります。些細なことも褒めて価値づけすることが大事です。

また、他の人の話を持ち出して褒めるのもありです。あの先生があなたの頑張りを褒めてたよ、という風に、他者からの良い評価を積極的に伝えるのです。子どもを褒めている人がいたらチャンス。便乗しましょう。

子どもとの人間関係作りができなくてつらい

静かにしなさい
ちゃんと掃除しなさい
いつも問題ばっかり起こして…困ったもんだ
先生はいつもオレばっかり怒る…
きっとオレのことが嫌いなんだ

子どもとの関係作りでよく言われるのは「クラスの子ども全員に毎日一回は声をかける」ということ。叱る以外の関わりができてますか？　何も特別なことをしなくても、関わる回数を増やせば自然と関係はできてきます。反抗的な態度をとる子どもについても同様で、最初は敵意むき出しの場合でも、あきらめずに関わり続けていれば、少しずつ態度が変わってきます。小学校の場合は長めの休み時間いっしょに遊ぶのも効果的ですね。

少しライトな関わり方として筆者がよくやるのは、簡単に答えられそうな質問を投げかけるという方法です。「このクラス、さっき何の授業だった？」「体育って何やってるの？」など。聞かなくてもわかることも、あえて子どもに聞いてみるのです。これなら共通の話題がない相手とも気軽に話せます。些細なことですが「あなたを頼りにしている」とアピールすることもできるので、子どもの自尊感情を育てる効果も見込めます。

大人と一対一で話すことが苦手な内気な子どもが、仲が良い友だちを交えて複数人で会話することで打ち解けてくれたケースもありました。気心知れた友だちが近くにいると、安心できるのでしょう。筆者はこの「友だちといっしょ作戦」で会話できるようになった児童が複数人います。個別の関わりが難しい場合は、グループで行動してるときがチャンスですね。

学校方針への子どもの反発がつらい

毎年2年生は学校徴収金で遊園地へ校外学習に行く
予算の都合で今年度からは行先変更します
え～ッ!
急すぎる
なんで私たちの代から!?
職員会議で決まったことで先生はどうにも
納得できません

教師、学校が何か方針を打ち立てたとき、生徒の反発があると対応に頭を悩ませますよね。特に従来の方針を大きく変える場合は反発が起こりがちです。どう対処するのがベターなのでしょうか。

公立小学校で教頭を務められているのぼさん先生は、トップダウンの形ではなく、生徒の意見を吸い上げ、それを反映すれば、反対の声も小さくなるのではないかと語ります。

意思決定の中に自分たちの意見が入っていれば、１００％ではないにしろある程度は納得でき、また違った形になるのではないかと。問題提起が先にあった方がいいですね。

その上で学校が決めたことなら、生徒説明に管理職が入るべきかと。生徒が悪いわけではなく、納得もできない中で間に立たなければいけない学年のつらさというのはあると思うので。

のぼさん先生（近畿地方／40代／男性／小学校教頭）

子どもや教師、家庭。それぞれの想いを大事にした学校を目指していきたいですね。

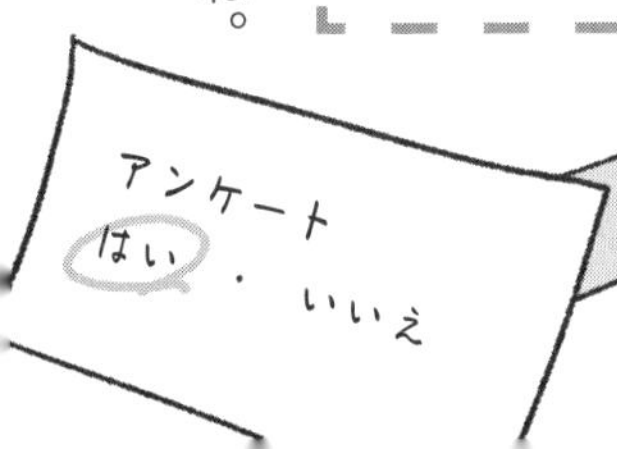

支援を要する子どもが多くてつらい

LD−学習障害，ADHD−注意欠陥多動性障害

子どもの支援に必要なのは、やはり児童・生徒理解。本人の様子、引継ぎ資料、保護者や他の職員の話などで情報を集め、支援の方法を模索することが基本的な対応のあり方です。個別支援と全体指導の両方について考えていきましょう。

個別支援ではより細やかなサポートが可能ですが、人手が足りず、一人の子どもに割ける時間が短い今の学校では限界があります。だから、全体指導を工夫する必要が生じるのです。

例えば、大きな音が苦手な人のため、落ち着いた状況を作る。長時間集中できない人のため、活動時間を細かく区切る。文字の読み書きが困難な人のため、板書の文字数を減らす。視覚的な支援を行う。こうした、発達障害の子どもを含めたすべての子どもにわかりやすい授業作りを「授業のユニバーサルデザイン」と呼びます。

要支援の子どもはこれにより自分の力で頑張りやすくなり、個別対応に割く時間をおさえることが可能になります。周りの子どもにとっても授業がわかりやすくなるため、集団全体にもプラスの効果が大きいです。支援を要する子どもが多く、学級経営や授業で苦しんでいる人は「授業のユニバーサルデザイン」化を試みてください。

また、場合によっては病院や発達障害者支援センターなどの専門機関との連携も必要です。他の教師と相談し検討しましょう。

ASD−自閉症スペクトラム症

いじめ対応がつらい

いじめは被害者の子どもはもちろん、周囲の子どもにも大きなストレスとなります。もちろん、対応する教師のストレスやプレッシャーもかなりのものになるでしょう。何よりも最優先で解決すべき問題です。すばやく、丁寧で慎重な対応が求められます。

いじめの対応を行う際に重要なことは、自分一人の判断で動くことを避ける、ということです。これは問題解決の上でも、自分の負担を軽減する上でも必要なこと。発覚した段階で、すぐに学年の先生や生徒指導担当の先生に報告・連絡・相談して生徒指導の方針を練るようにしましょう。

加害者の指導、家庭連絡は、情報を集めてきちんと準備した上で行うようにしないと危険です。複数対応が必要とされるケースもあります。犯罪行為に該当するような案件の場合は警察との連携も考えなければいけません。対応を間違えれば加害者を刺激して被害が大きくなる可能性もあります。いじめ問題は複雑であるため、自分だけで考えて対応することは非常に危険なのです。繰り返しますが、絶対に一人の判断で動いてはいけません。

いじめ問題は確かにつらいです。しかし、他の職員と連携ができれば解決不可能な問題ではありません。焦らず、落ち着いて対応にあたりましょう。

不登校対応がつらい

毎日の電話連絡
毎週の家庭訪問
大変だけど
これで不登校から回復するなら
そこまでしなくても大丈夫ですよ
えっ!?

年々増加している不登校生。教師として働く以上、不登校対応と無縁ではいられないでしょう。多くの場合は長期化します。その上、原因が多様化・複雑化しており、対応方法に決まった正解がありません。そのため、対応に気を揉み、疲弊する先生も多いのではないでしょうか。

不登校対応でつらくならないためには「必ず復学させなければいけない」という思い込みを捨てることです。こうした思い込みは焦りにつながります。力んで、焦って、必要以上に不登校の子どもや家庭と関わるのは逆効果。教師の焦りが子どもや保護者の負担になります。精神的な疲れにより、かえって子どもは登校しづらくなります。定期的に家庭連絡は入れ、学校との関わりは途切れないようにする。

でも、頻度を増やしすぎない。教師も家庭もつらくならない程度にとどめる。それで十分です。校内の不登校対応チームやスクールカウンセラー、スクールソーシャルワーカー、その他の支援機関と連携を図り、情報共有しながら無理のない範囲で対応しましょう。

拙著ではございますが、不登校対応については『コミックエッセイ 不登校日誌 教師と保護者による心のサポート術』（廣済堂出版、２０２３）で詳しく述べています。不登校にお悩みの方はぜひお読みください。

先生がつらかったときの話②

元中学校教諭 転職中元教師 さん

指導がうまくいかないときや
生徒とうまくコミュニケーションが
とれなかったとき。

転職中元教師さん
（東京都／30代／男性／元中学校教諭）

第３章
保護者がつらいとき

　ときとして、子どもよりも対応が難しいのが保護者です。保護者との関係が悪化してしまったときのストレスの大きさ、つらさは図り知れません。

　この章では、保護者に関する困りごとや、その対処法をまとめました。

恐怖を感じてつらい

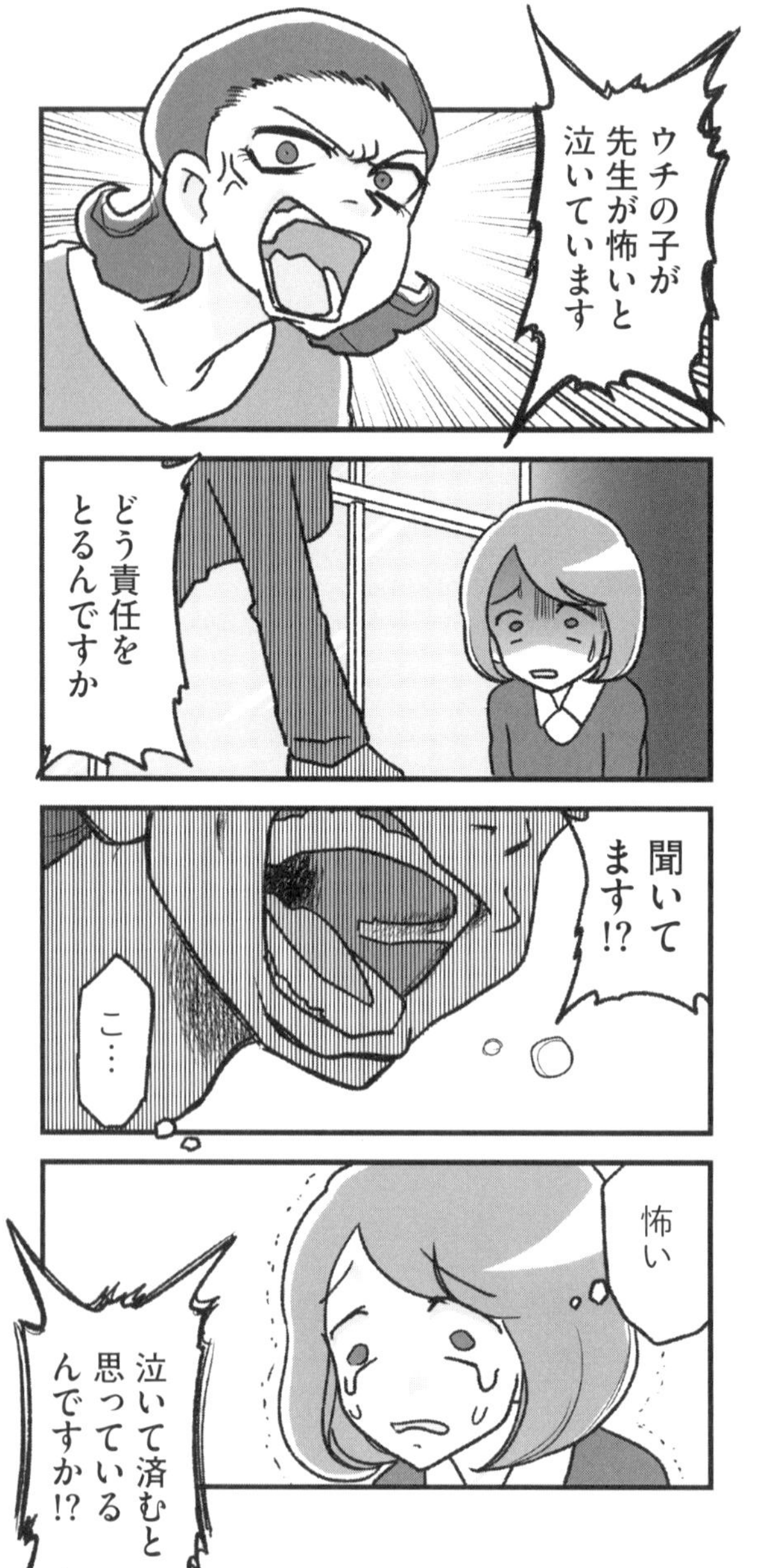
ウチの子が先生が怖いと泣いています
どう責任をとるんですか
聞いてます!?
こ…
怖い
泣いて済むと思っているんですか!?

モンスターペアレント。学校に対する要求が多かったり、攻撃的だったりする保護者をそう呼びますよね。この言葉がメディアで取り上げられるようになって随分になりました。新人教師だった頃の著者も「モンペにあたったら怖いな」と恐怖していたのですが、そんな著者の認識を変えた言葉があります。

研修の講師の先生の「モンスターペアレントという言い方は好きじゃないです」という言葉です。「保護者にも想いがあります。モンスターだというのなら、そうさせてしまう原因が学校にあるのかもしれません。保護者に寄り添い、ともに子どもを育てていく姿勢を大切にしてください。」あぁ、そうか。保護者はモンスターじゃないし、恐怖の対象でもない。レッテルを貼って壁を作ってはいけないと反省したものです。

……と、その話はさておき、対応に注意が必要な保護者は確かに存在します。怒鳴る人、言いがかりをつける人、無茶を言う人。いくらご本人に想いや事情があると言っても、教師だってつらいです。

こうした攻撃的な保護者の対応で大事なことは、一人で対応しないこと。面談や家庭訪問の対応は必ず複数人。そして、やり取りの日時と内容を記録し、学年主任や管理職と対応の方針について事前に相談をしてください。気難しい保護者の対応も学校で連携を図ればきっと大丈夫です。

要求が多くてつらい

懇談の日程
希望調査
7月14日
仕事の都合があるので
20:00以降を
希望します
松本の母
遅い時間を
希望する人が
いるなぁ…
私が残業すれば
いい話だし…
松本さんの面談は
20時からに…
絶対ダメ
え？
なぜですか？
そっちの
クラスの
松本さん
の弟
俺が
担任なの
先生が20時で
OK出したら
弟の担任の
俺まで時間
遅くしなきゃ
いけなくなる
なるほど

我が子のこと、家庭の事情……。保護者もいろいろ気になることが多いことでしょう。教師や学校に求めることが増えてしまうのは仕方がないことだと思います。そうした保護者の気持ちを汲むことも、良好な関係を築くためには必要だと思います。しかし、「ここまでは対応をする、これ以上は対応できない」というラインはちゃんと守らなければいけません。

あれもこれも全部引き受けてしまうと、対応をする教師の負担が大きくなることはもちろん、同じ学校で働く他の教師や、来年度以降対応をする教師にも迷惑がかかる恐れがあるからです。「あの先生はもっと手厚かったのに」と、学校に求める対応のハードルが上がってしまうことになりかねません。

どこまで対応すべきか悩んだ場合は、一度返事を保留にし、学年の教師や管理職の先生と相談した方がいいでしょう。そうすれば校内でラインを合わせやすく、間違いは少なくなります。学校や他の先生を理由に断ることができるので、返事の際の心理的な負担も軽くなります。

学校的に問題がなくても、個人的感情として、要求を全て飲むことがつらい場合、「可能な限りやる」と返事するのもありです。ゼロか百ではなく、その間。保護者に寄りそう姿勢を見せつつ、自分を守ることもできる返事の仕方です。

話が長くてつらい

こんばんは一郎くんの担任の鈴木です
あらぁ先生！
一郎くんの体調は
午前中に病院行ったんですけどね〜！
ただの風邪ですって〜お騒がせしました先生〜
薬局がすごく混んでて大変だったんですけど
……。
どうにか薬もらって〜帰りにスーパー寄ったから帰宅がお昼になっ
30分後…
昨日見始めたドラマが面白くて〜！
ご存知ですか？火曜日夜10時の
電話が切れない…どうしよう

世間話……悩みごと……。言いたいことがたくさんあり、話が長くなってしまう保護者。気を遣うあまり話を切れず、困っている先生も多いのではないでしょうか。著者も人の話を切ることが苦手で、新人の頃、他の先生に注意されました。「電話の時間が長い。学校の電話の台数には限りがあります。他の先生が電話を使えず迷惑します。早く切ってください」と。そして、その先生はこう続けました。「相手の話を聞くだけになっています」

聞くことに徹していては、相手の話が止まらなくなり、会話の時間が長くなるというのです。相づちでもいいから、自分から積極的に言葉を発する。子どもの学校での様子や、最近頑張っていることなど、自分からも話題を提供してどんどん話す。そうすると、会話の時間が自然に短くなるとのことでした。言われた通りに会話をしてみるとあら不思議、毎回長くなりがちだった電話の時間が半分以下になったのです。この方法なら断ることが苦手な人でも実践可能ではないでしょうか。電話連絡だけではなく、面談でも有効な方法だと思います。

この他、終わりの時間をあらかじめ決めるのも有効な方法です。30分後に会議がある、この後学校を出なければいけない……と、話の最初に保護者に伝えると話を切りやすいです。嘘も方便、作り話でも構いません。

嫌われてつらい

先生に音読上手だって褒められたよ！
先生ね、お話も面白くて…
いい先生なのね
安心だわ
あの先生私ばかり怒ってヤダ
話長いし男子ひいきするし最悪
悪い先生にあたったのかしら
子どもの発言が保護者の好感度を左右することは多い

保護者も人間、教師も人間。合わない人がいるのは仕方がないですが、関係が悪化すると仕事にも影響します。嫌われないよう注意したいですね。

保護者との関係の良し悪しを左右する一番の要素は、子どもとの関係です。子どもとの関係が良好だと保護者も安心しますし、教師や学校を信頼しやすくなります。子どもとの関係作りが保護者対応のベースになると考えましょう。

また、保護者に対して素早く誠実な対応を行うことも大事です。不満や要望があれば、すぐに対応、返事。可能な範囲で動く。子どものことで何かトラブルがあれば、放課後すぐに家庭連絡。子どもが帰宅して保護者に報告をする前に、教師からきちんと事情を説明する。この積み重ねで信頼関係を築くのです。

ちなみに筆者は、子どもの要求への対応が後手になり、「対応が悪い」と保護者に怒られた経験があります。不誠実だと思われたのでしょう。お叱りを受けたときはつらかったですが、きちんと謝罪し、密に連絡を入れるようにしました。大変ではありましたが、そうすることでいつの間にか保護者と関係が良くなり、笑顔で立ち話ができるまでになったのです。保護者アンケートに「観世先生は子どものことをよく見てくれます」と書いてもらえたのも嬉しかったです。行動次第で保護者の印象を変えられると実感した出来事でした。

連絡がとれなくてつらい

家庭訪問の日程を組みたいのに…
川上さんだけ希望調査票出してこない
川上さん本人はいくら注意しても手紙を保護者に渡さないし
家庭訪問
ぐちゃぐちゃ
何回家に電話しても出てくれないし
もう川上さんだけ家庭訪問やめていいですか
そこを何とか頑張って
教頭

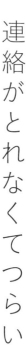

いるんですよね……連絡が取れない保護者って……。対処法を紹介しましょう。

一つ目、事前に時間を決めておく。これは仕事で帰宅が遅い保護者のための方法です。仕事が休みの曜日、連絡可能な時間帯をあらかじめ聞いておくのです。相手の方に連絡する意思があればこの方法で十分です。

二つ目、人海戦術。学校からの連絡を取ってくれないとき、外部の力を頼る方法です。著者が知っているケースとしては……小学校の電話番号を着信拒否している保護者に、学童保育の職員から連絡してもらったケースや、緊急連絡先に書いてある祖父母の番号に電話をお願いし、祖父母から説得してもらって保護者に電話連絡を促したケースがあります。子どもの身に危険があるときなど、状況によっては児童相談所との連携も検討しましょう。

そしてもう一点。保護者と連絡が取りづらい理由を考え、必要性があるのなら保護者のケアも行ってください。筆者が知っている話で、連絡がなかなか取れない保護者が、仕事のストレスと子育ての悩みでうつ病を発症していたことがわかり、スクールカウンセラーにつないだ……という事例があります。精神的な余裕がなく連絡が取りづらかったのでしょう。保護者には保護者の事情がある……ということは忘れないでおきたいですね。

保護者同士のトラブルがつらい

ボカ
ボカ
おたくの子がうちの子にケガさせたってな
そちらのお子さんうちの子のメガネ割ったそうですね
謝罪
弁償
…ということで学校の方で向こうの家庭に話をしてください
ええ!?

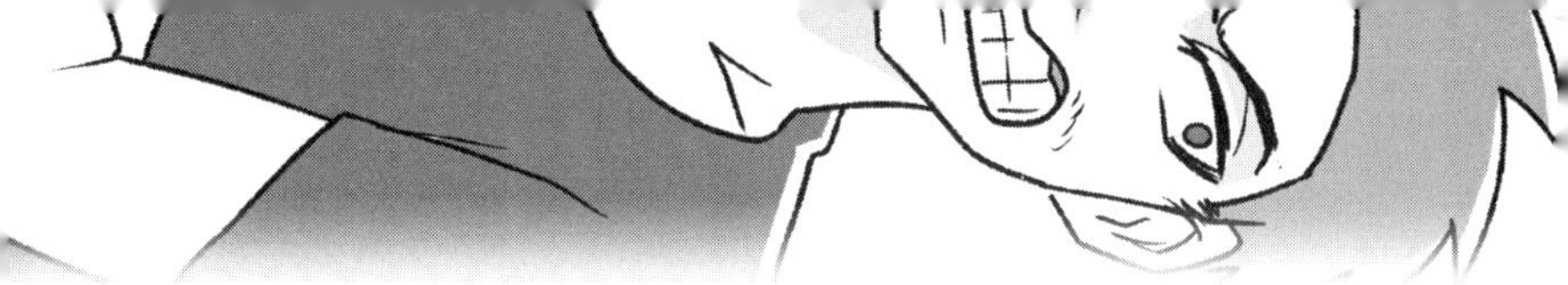

保護者対応に関する問題で、特に気を遣うのが保護者同士のトラブルではないでしょうか。子ども同士のトラブルがこじれ、保護者の仲が悪くなることは時々あります。そればかりか、そのトラブルに学校が巻き込まれてしまうこともしばしばあります。学校に依存的な保護者が「相手の保護者に学校から話をしてほしい」と訴えてくるケースです。

こうした問題については、教師が間に入るべきではないです。原則として保護者同士で解決してもらいましょう。中立的立場を守り、不必要な関与は避けるのが学校としてとるべき姿勢かと思います。なぜなら、学校や教師は子どもの教育が本分であり、大人の喧嘩の仲裁は職務の範囲を超えているからです。そこまで請け負ってしまっては、ただでさえ業務過多な学校現場がさらに疲弊します。

また、トラブルに関与することで一方の保護者の味方をしているという風にとらえられ、教師と保護者の関係まで悪化してしまう事態になりかねません。校内での子どもの様子や関係性は観察すべきですが、子どもに変化がなければ無暗に動かない方がいいのです。

そうは言っても、保護者の困っている気持ちを汲むことは大切。共感的な姿勢を示した上で、学校としては保護者同士の話に入ることはできない、進展があれば教えてくださいとするのが精いっぱいの対応だと思います。

小学校教諭 かんちゃん先生

私が教師をつらいと思ったのは、「保護者対応が長く続いたとき」。

子ども同士のケンカの仲裁をした私の対応に納得のいかなかった保護者が、毎日学校に電話し、我が子への私の対応を逐一報告させられたこと。およそ1ヶ月ほど電話が続き、職員室で電話が鳴るたびにビクビクしていた。乗り越えられたのは、学年主任と管理職と一緒に保護者と面談をし、私の普段の子どもたちへの真剣な指導の様子や子どもたちからの信頼を得ていることを伝えてもらい、保護者に理解してもらったこと。あのとき、主任たちに助けてもらえなければ、確実に心が病んでいたと思う。

かんちゃん先生（30代／男性／小学校教諭）

第４章
職員がつらいとき

　子どもの指導が大変でも、保護者対応が大変でも、職員間の関係が良ければなんとか乗り越えられる……と話す先生は多いです。逆に言えば、職員関係が悪化すれば仕事全体がつらくなるということになります……。本章はそんな職員関係の話です。

仲良くなれなくてつらい

「一人では何もできないけど別にいい」「他の職員と連携」「一人で対応しない」……この本でも周囲と連携して仕事をすることの重要性について何度か触れてきました。本書に体験談を寄稿してくださった先生の中にも、周囲のサポートで困難を乗り越えられたと語る方は複数いらっしゃいます。そうです。教師として上手く働くためには周囲との関係が重要なのです。

だからと言って、無理して仲良くなる必要はありません。来るもの拒まず去る者追わず。仕事に支障が出ない関係性を築くことができていればそれで良しとしましょう。働きやすさだけのことを考えるなら充分です。

大事なことは、自分に与えられた仕事をこなすこと。仕事がまず大前提。職場の人間の評価は、仕事の成果や態度に大きく左右されます。誠実に、自分の責任をちゃんと果たしていれば、周囲はわかってくれる……そんなものだと思います。あとは、きちんと挨拶をする……助けてもらったときのお礼と、迷惑をかけてしまったときの謝罪は忘れない……そんな、人としての礼儀を守る。そして、余裕があるとき、できる範囲で他の職員をサポートする。この積み重ねが職場の人間関係を好転させるでしょう。

しかし、それらを意識しても、職員間の人間関係が上手くいかない場合はあります。次のページからケース別に対処法を述べていきます。

叱られてばかりでつらい

生徒指導がこじれちゃった
通学路
叱られるの嫌だし黙っておこう
生徒指導の件聞いたけどなんで報告しなかったの!?
げっ…なぜかバレてる
生徒指導がこじれちゃった
学年の先生に報告と相談をしないと
…そうか大変だったね対応を考えようか
はい！

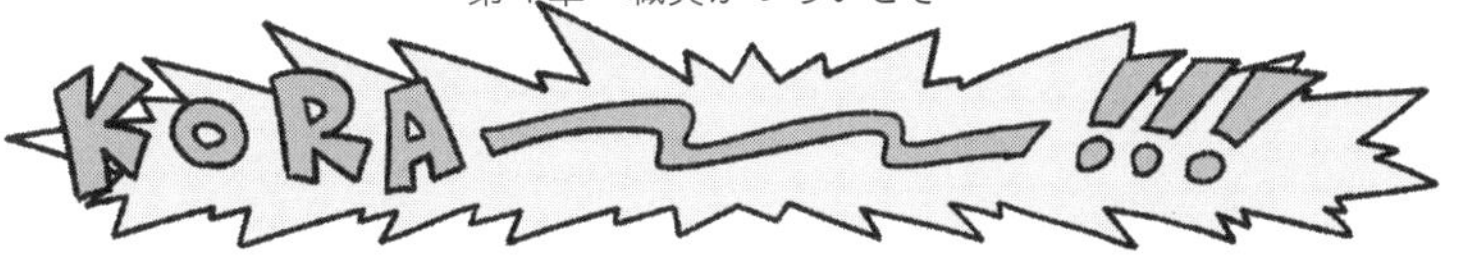

叱られ続けるストレスは相当なものです。しかし、対処法はあります。まず、報告や相談を後手にしないこと。特に自分が失敗したときは真っ先に報告と謝罪をしましょう。人は、自分から謝る人のことは怒りづらくなるというもの。周りが問題に気付く前に、勇気を出して自分から報告してください。早めに周囲と情報共有した方が早めの対応が打ちやすくなり、被害も少なくて済むので学校全体にもプラスです。

そして、叱られたときの態度も大事です。真面目な態度で話を聞くことは前提として、堂々とした態度でいることも重要です。叱られると気まずくておどおどしちゃうこともあると思いますが、実はあまり良くないんじゃないかなと思っています。弱気だと相手の加虐心を煽ってしまうのでしょうか、筆者の経験上、弱気でいた方が怒られやすくなる気がします。報告や謝罪はする、でも堂々とハキハキ話す……これを心掛けてみてください。

また、叱られた後の行動も大事です。「叱られた、つらい」で終わらせてはいけません。叱られた内容について反省し、次に生かすことで、あなたを叱った相手もきっと努力を認めてくれます。

なお、理不尽・過度な叱責はパワハラの範疇です。一人で抱え込まず、信頼できる人に相談してください。

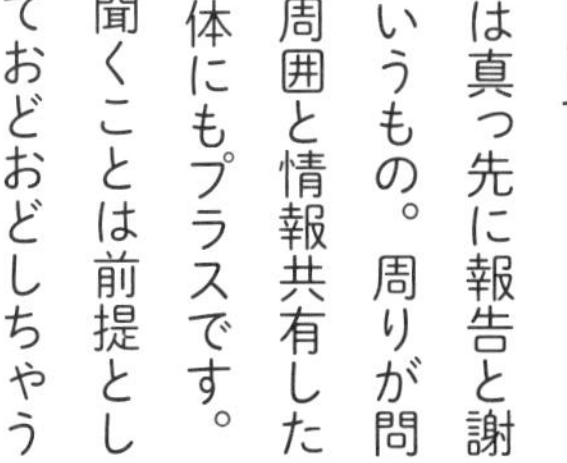

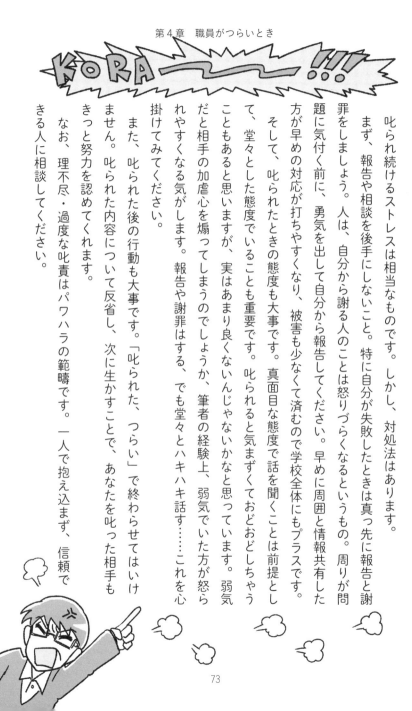

助言が多すぎてつらい

生徒のことはもっとガツンと怒った方がいい
はい！
生徒を怒って管理する指導はよくないよ
私はいったいどうしたら…

これは初任者あるあるだと思うのですが、複数の先生から別々の助言を聞いて困ること、なかったですか？　特に教職の場合、人の面倒を見たりものを教えたりする人が多いので、親切心から初任者にアドバイスをする先生が多くなるのです。助言をもらえること自体はありがたいこと……なのですが、助言の内容が人によってバラバラなので混乱が生じます。場合によっては真逆のことを言われる場合もあるかもしれません。教職は個人の裁量権が大きい職業なので、仕事の仕方が人によって本当に違います。

だからと言って、助言を無視すると角が立ちます。ちなみに筆者は初任者の頃、アドバイスをくれた先生に「あっ、その話については別の先生に教えてもらいました」と返事をしてしまい、相手の先生を激怒させ関係を悪化させたことがあります。もちろん、関係の悪化はその一件だけが原因ではないんでしょうけど……失礼な発言だったことは確かです。

助言をくださる先生との関係を壊さないために必要なことは、相手の顔を立てることだと思います。何か教えていただいたら、まずお礼を言う。そして、とりあえず実践。別の方から異なる助言を受けた場合でも、順番に実践してみる。そうしていく中で、自分にあったやり方を探せばいいのだと思います。実践の中で得られる気付きもあることでしょう。

他の職員のフォローがつらい

今日は空きコマに仕事進めよ
ノート点検して教材研究して…
今日、原先生がお休みだから3組の自習監督お願いしていい？
教頭
えっ…あハイッ
2組でトラブルがあったので指導中自習監督に入ってもらえますか
ハイッ
エクセルの操作教えてもらっていい～？
PC
空きコマなくなっちゃった
なんで全部私なの

I'm sorry I couldn't help you!

これは教師になって数年経ち、ある程度の経験を積んだ頃に出てくる悩みだと思います。他の職員をフォローする場面が多くなり、負担が増える……という悩みです。他の先生が対応を間違えてしまった生徒指導上のトラブルの対応をまかされてしまったり、事務仕事が苦手な先生の手伝いをしたり……といった事例が考えられます。学校は組織……フォローしたり、されたりはお互い様だと思いますが、フォローすることの方が明らかに多くなってしまうとつらいですよね。

嫌になったとき……特に、自分の仕事で余裕がないときは「今はお手伝いする余裕がありません」とお断りしていくべきだと思います。無理をして全部引き受けてしまうと自分がつぶれてしまいますし、下手に「この人は何でも引き受けてくれる」と思わせてしまうと、どんどん仕事が増えていき収拾がつかなくなります。世の中、人使いが荒い人や無遠慮な人も多いですからね。自己防衛のためにも、つらいと思ったときには断りましょう。

また、特定の事象……例えば、学級崩壊したクラスの補助や、病欠の担任の代理などについては、学年主任や管理職にも相談して学年……あるいは学校全体でフォロー体制を整えてもらってください。こうした有事の際は組織的な動きがないとかなり厳しいです。ちゃんと助けを求めてください。

意見がぶつかってつらい

同僚と意見が合わないときってありますよね。特に、教育は正解がないもの。指導方法一つとっても様々な考え方がありますし、自分と反対の意見もあって当然です。意見がぶつかったとき、相手に意見を合わせるとその場は楽です。特に初任の年や異動した後の最初の年は、その学校のやり方や文化になじむためにも、周りの意見・やり方に合わせておいた方が無難です。しかし、それでも自分の主張を通したいときだってあると思います。

気を付けなければいけないことは、感情的にならず、相手の意見に耳を傾けつつ、冷静に話をすることではないでしょうか。自分の意見を通すことばかり考え、話を押し通しては、相手もムキになる可能性があります。たとえ自分の意見が通ったとしても、同僚との関係にわだかまりが残る恐れがあります。まずは相手の話、主張の根拠を聞き、その上で、まだ自分の意見が正しいと思うなら、改めて議論を続ければいいと思います。

そして、話し合いながら、お互いが納得できる妥協点……双方の意見の落としどころを探っていくことも一つの方法です。二択問題ではないのです。意見をすり合わせて第3の答えを導き出すことも視野に入れましょう。

なお、学年全体、学校全体に関わるような話なら、最終判断を学年主任や管理職に仰いでください。内容によっては会議での提案も必要ですね。

悩み事をわかってもらえなくてつらい

最近
仕事してると
頭痛がして…
そんなの
たいしたこと
ないわよ〜！
私なんて
頭痛だけじゃ
なくて
腰痛も
肩凝りも
ひどいし
胃薬だって
飲んでるのよ
頭痛だけの
あなたなんて
全然マシよ〜！
だいたい
私が若い頃は…
この人と
話してると
頭痛が悪化する…

真面目に頑張っていると、どうしても悩みごとが増えてしまうもの。そして、自分が真剣に悩んでいることを周囲の人が理解してくれないと、余計につらい気持ちになりますよね。「他の先生だって頑張ってるんだから」「私なんてもっと大変なのよ」なんて言葉で一蹴されると、つらさ倍増です。

自分の悩みをわかってもらえないのはつらいですが、これは多少仕方がないことだと割り切らなければいけないかもしれません。……と、言いますのも、学校現場には余裕がない先生がとても多いからです。自分のことで精一杯だと、他の人を気にかけるどころか、同僚に八つ当たりしたり、「あなたの悩みはたいしたことがない。自分の方が大変」という「つらさマウント」をとるようなことになります。マウントをとってくる先生も、疲弊した学校現場の被害者なのです。

しかし、他の先生も大変だから……と言って自分の苦しさを押し殺していては、あなたがストレスでつぶれてしまいます。愚痴や弱音を吐きたいときは、話を聞く余裕がある相手を選んで、こっそり吐き出すと良いでしょう。

また、愚痴や文句ではなく、相談という形なら比較的話を聞いてもらいやすいのではないでしょうか。困っているので先生のお知恵をお借りしたいです……そんな風に相手を立てると印象も悪くなりにくいと思います。

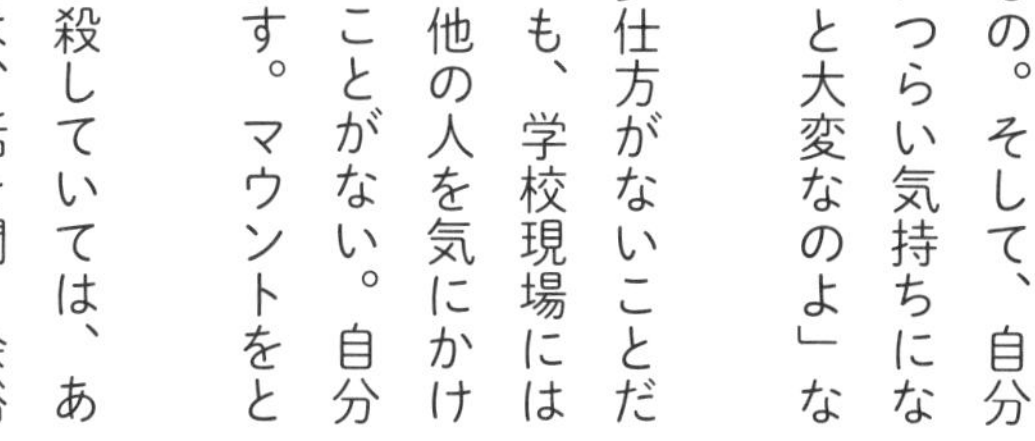

飲み会や食事に行くことがつらい

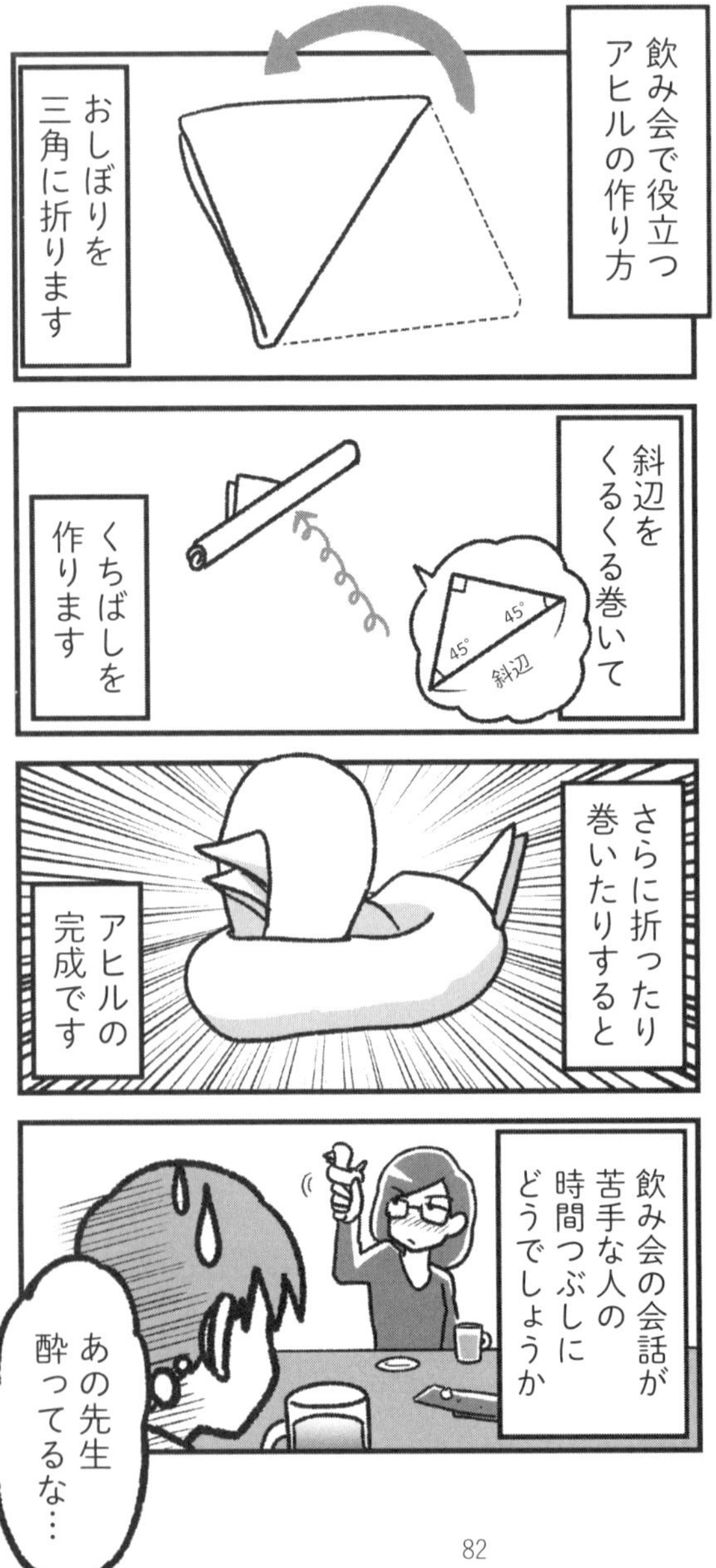

飲み会で役立つ
アヒルの作り方
おしぼりを
三角に折ります
斜辺を
くるくる巻いて
45°
45°
斜辺
くちばしを
作ります
さらに折ったり
巻いたりすると
アヒルの
完成です
飲み会の会話が
苦手な人の
時間つぶしに
どうでしょうか
あの先生
酔ってるな…

「飲みニケーション」なんて言葉がありますね。飲みや食事の場で同僚と交流・情報交換することが職員関係……ひいては働きやすさにつながるメリットがあることは確かだと思います。その一方で、そうした集まりが苦手な人が多いこともまた事実。気を遣うし、お金も時間もかかるし……。嫌なら参加しなくてもいいと思いますが、この本を読んでいる人の中には断りきれず無理に参加しちゃう人もいらっしゃるのではないでしょうか。

そんな人におすすめなのが、用事があることにして途中で帰宅する作戦です。「すみませんが用事があるので30分で帰ります」などと事前に伝え、決まった時間に帰るのです。一応参加はしてますし、心理的負担は大分軽くなります。この他、３回に１回は断る、４月当初の親睦会だけは参加する……という風に、参加する頻度を自分で調整する方法もありです。

飲み会や食事会に参加した場合の乗り越え方もご紹介しましょう。同僚に仕事以外の話をしたくない人は、プライベートの話題に移行する隙を与えないよう、自分から人に仕事の話題を振りまくってください。学級経営の話、行事の話、働き方のこだわりなど、話したいことがたまっている先生は多いと思いますので、それらを聞き出すのもいいですね。仕事の見識も広がって一石二鳥。おしぼりのアヒルよりさらに有用な飲み会対策です。

職員同士のトラブルに巻き込まれてつらい

職員同士が険悪になること……これはあります。当人同士の問題なので、周りの人間がとやかく言えることでもありません。下手に関与してしまうと、余計なストレスを背負うことになりかねないので無理な介入は避けた方が良いです。片方の愚痴を聞く場面もあるでしょうが、その場合も感情移入しすぎず、悪口に同調しないことが大事です。

中には、嫌いな相手の悪口を大げさに言いふらすことで味方を増やし、優位に立とうとする人もいます。「そうなんですか」「大変なんですね」など、共感を示しつつ、悪口を肯定しない返事で受け流すのが無難でしょう。

トラブルが大人の間で終わっているうちは、自分の立ち回りに気を付ければどうにか被害を抑えることができるのでまだいいのですが……大人同士の問題を子どもの指導に持ち込む先生がいた場合、これが本当に厄介です。

もちろん、ほとんどの先生はそんなバカげたことはしませんが……嫌いな先生のクラスの子どもにだけ必要以上に厳しく接する先生、あたりが強い先生もごくまれにいるのです。

万が一、このようなことがあれば、学年主任の先生や管理職の先生に報告し、教室を見にいってもらい、必要に応じて注意してもらいましょう。

問題を起こす職員がつらい

学校の方針を守らない。指導が厳しい。体罰。そんな問題を起こす職員の対応に困ることもあるかと思います。話を聞き入れ、改善してくれる先生ならまだいいのですが、そうではない先生だと大変です。

特に危険なのが授業中です。学校の授業は教師が一人で行っていることが多く、他の大人の目が入りにくくなります。こうした場合、他の先生……特に、管理職が授業を見に行って対応するのがいいでしょう。公立小学校の教頭を務められるのぼさん先生にお話を伺いました。

授業を見て現状を把握することが一番です。また聞きだと温度もわからないし、危機感に差が出てしまう。現場を見に行った上で、対応を判断しましょう。実際に見て、良くないなと思えば指導すべきだし、指導した上で変わらないようなら管理職から教育委員会に報告すべきでしょうね。

のぼさん先生（近畿地方／40代／男性／小学校教頭）

子どもに被害がある場合、他の教師でケア・フォローを行うことも忘れてはいけません。複数の教師で連携して対応していきましょう。

パワハラがつらい

やばっ
金子先生の車傷付けちゃった
保護者連絡して修理費を出してもらいましょう
災難でしたね金子先生
金子先生話があるんだけど校長室に来てくれるかな？
あっはい！
修理費は普通お断りするものなんだけど？
えっ？いやでも…
断らないと…わかってるよね？

誠に遺憾な話ですが、学校現場にもパワーハラスメント……パワハラはあります。もちろん全ての学校で横行しているわけではない……と思うのですが、パワハラ気質の先生はゼロではありません。パワハラを受けたときにすぐ気付き、対応できるよう、パワハラについて知っておきましょう。

厚生労働省の定義によれば、優位な立場から業務上必要な範囲を超えた、職員の就業環境を害する行為がパワハラに該当します。人格を否定する言動、必要以上の長時間にわたる厳しい叱責や、他の職員の面前で大声での威圧的な叱責を繰り返すことなどが典型例です。心当たりがあれば一人で抱え込まず、まず他の人に相談してください。

学校で行われるパワハラ行為でありがちなのは、マンガの例のように、校長室に呼び出され、管理職と一対一の状況で圧力をかけられるケースだと思います。のぼさん先生に対処法を伺いました。

管理職に呼び出された以上は、一人で校長室に行って話をすることになるかと思いますが、その後で周りの先生に話の内容について相談しましょう。

のぼさん先生（近畿地方／40代／男性／小学校教頭）

職員室がつらい

理科準備室落ち着く～
職員室と違って他の先生に気を遣わないし
これから理科準備室で残業することにしよう
一方 職員室…
そろそろ帰りますか
残ってる先生もういないよね
じゃあ機械警備セットしますね
ピーッ
ピーッ
職員室以外で残業するときは他の先生に居場所を伝えておきましょう

人が多いにぎやかな環境や、他の職員との関係悪化……様々な原因で、職員室にいることを苦痛に感じる先生がいらっしゃることと思います。ちなみに筆者も、一人行動が好きな性格に、一部の教師との関係悪化やパワハラ被害といった複数の理由が重なり、職員室にいられなくなった時期がありました。そんな筆者が、職員室がつらいときにとった対策をお伝えします。

対策の一つ目。避難場所を作ること。学級担任なら担当クラスの教室、特別教室の管理者なら自分が管理する特別教室。他の先生の出入りが少ない場所を自分の避難所にします。落ち着いた環境だと仕事もはかどりますね。筆者は美術科担当だったので、よく美術室や美術準備室にいました。

対策二つ目。職員室でしなければいけない仕事と、別の場所でもできる仕事を分類し、タイムスケジュールを組むこと。他の先生と相談して進める作業や、印刷機や業務用パソコンの使用など、職員室でなければできない仕事もありますよね。そうした仕事は最短の時間で効率的に終わるよう、作業の手順や順番を工夫してください。

これらの対策は、職員室にいづらくなった根本的な原因を解決するものではありません。その場しのぎの方法にすぎないと思います。しかし、心が弱ってるときの逃げ場は必要です。上手に逃げて身を守ってください。

特別支援学校講師 特別支援常勤講師5年目の先生

子どもや保護者が原因で「つらい」と思うことは限りなく無いです。それよりも、仕事が多くて大変な時期に同僚（同じ教師）との関係が上手くいかない状況が長く続くとつらいです。管理職（教頭・校長）との関係は基本的に良い関係になることは稀だと思っているので、管理職との関係性でつらさを感じることもないです。やはり、同じ立場の人間との関係性が私は大事ですね。

特別支援常勤講師5年目の先生
（大阪府／20代／女性／特別支援学校常勤講師）

第５章
業務がつらいとき

教師のつらさ、と聞いて多くの人がイメージすることが、長時間労働や業務の多さだと思います。それらがつらいことは間違いないのですが、働き方を工夫すれば、つらさを軽減することができます。本章で業務改善について考えましょう。

指導方針が決められなくてつらい

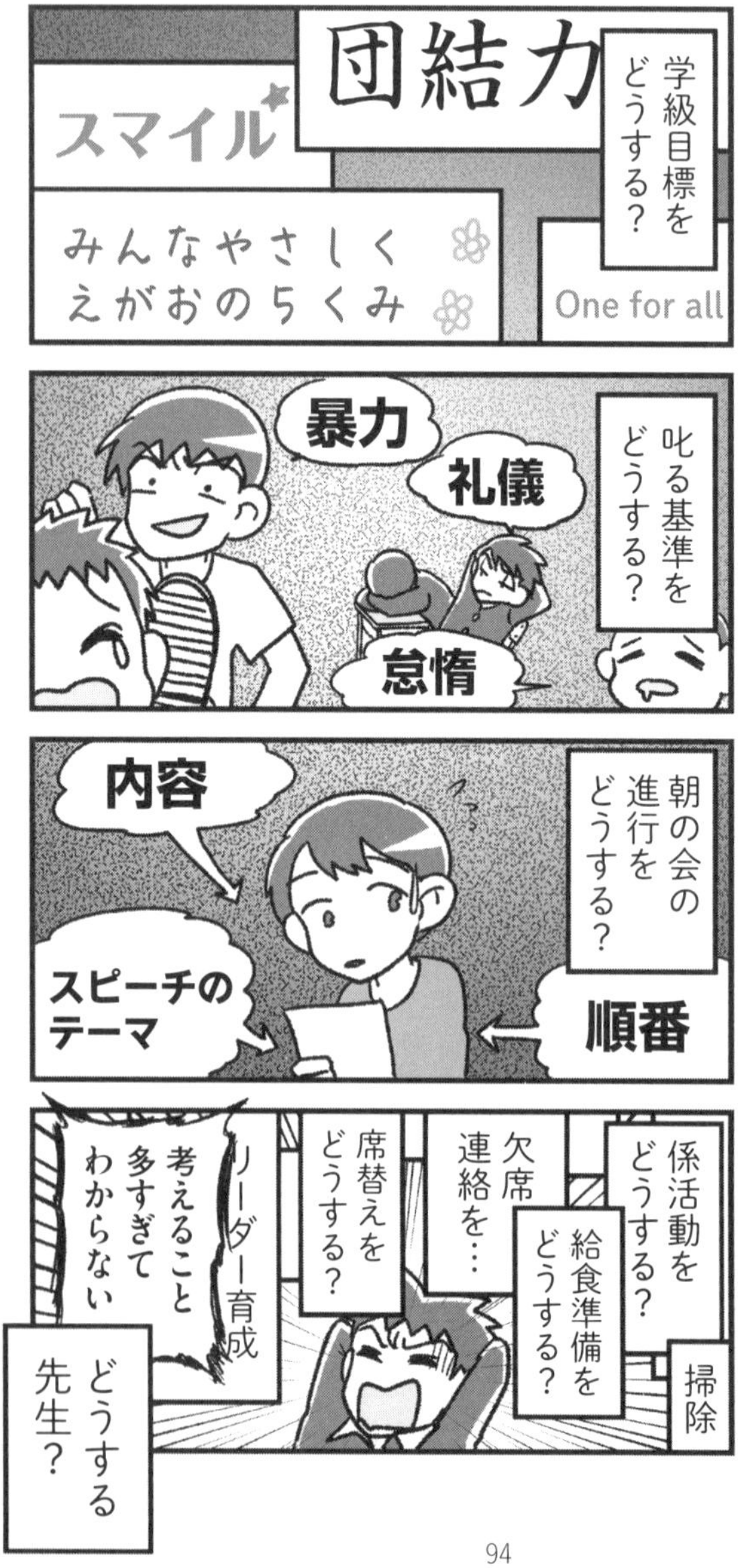
学級目標をどうする？
団結力
スマイル
One for all
みんなやさしく
えがおのらくみ
叱る基準をどうする？
暴力
礼儀
怠惰
朝の会の進行をどうする？
内容
順番
スピーチのテーマ
係活動をどうする？
掃除
給食準備をどうする？
欠席連絡を…
席替えをどうする？
リーダー育成
考えること多すぎてわからない
どうする先生？

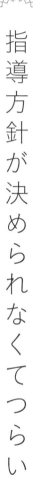

どうする!?

指導方針が決められない。これは、初任者の先生が抱きがちな悩みだと思います。どういう風に子どもを指導するか、学級をどう経営するか、授業のルールをどうするか……。自分の中に積み上げがないとどうすればいいか悩みますよね。

そんなときは、思い切って身近な先生の方針を真似しましょう。学ぶは真似ぶ、なんて言葉もよく使われますが、真似しながら勉強するのが一番手っ取り早いです。先生にお願いして、授業や学級を見学しましょう。

どの先生を参考にするか……という話ですが、これは、自分に合った方向性の先生に寄せていけばいいと思います。先生によって指導のスタイルは違います。優しくゆるっとした学級経営、ビシビシと気を引き締めるような学級経営……。それぞれ学ぶことはありますが、自分の性格にあったやり方を選ばないと、後々苦しくなってきます。その点は気を付けましょう。

もちろん、本や研修で学びを得ることもできます。知識の蓄積はとても大事です。しかし実際に教壇に立つとなると、知識だけでは上手くいきません。その学校独自の文化、やり方が存在しますし、子ども一人一人の実態も違います。それらが作り上げるその学校の空気感は実際に見ないとわからないのです。勤務校の実践から学ぶことも大切にしてください。

先生!!

指導時間が計画通り進まずつらい

あれも話したい
これも話したい
そうだ
この話も
しなきゃ
数学3
二次関数
生徒にも
たくさん
発表させて
あれっ
授業終わりの
時間だ…!
テスト範囲
全部できなかった
時間割調整して
数学の授業時間
増やしてくれま
せんか

	1	2	3	4	5	6

指導時間が計画通りにいかないときの調整方法をご紹介しましょう。

時間が押し気味の先生は、時短や、段取りを良くする配慮が必要ですね。例えば、説明の仕方。不要な言葉を削ったり、図や写真で視覚的な支援でカバーするなどして、話の時間を抑える工夫をしてください。子どもの移動がある授業……例えば材料を取りにきたり、席を立って列に並んだり、といった動きがある授業は、人の動線を考慮したものの配置が重要です。

時間が余る先生は……学習内容の復習の時間を改めて設ける、子どもと対話する時間を増やすなどの工夫をするといいでしょう。また、子どもが空いた時間にできる活動……例えば、自習用のプリントや教室の掲示物作成などを用意しておくのも方法の一つです。

活動の計画を立てる段階で、子どもの実態に合った時間配分ができているかも大きなポイントです。ちなみに、中学校美術の授業作品の制作時間は、教師が参考作品を作るのにかかった時間の3倍以上は見ておいた方が良い……と聞いたことがあります。参考作品の制作時間が1時間だと、生徒の制作時間は3時間以上かかるということです。これは中学校の美術科の話ですが、他の授業の作業にも似たようなことが言えるかもしれません。小学生の活動の場合はもっと余裕をもった時間設定の方がいいでしょう。

山田	1－5	道徳	1－3		2－5	学活

提出物のチェックがつらい

朝
宿題回収
1〜2校時
授業
並列つなぎ
20分休み
宿題点検…
…の予定を
変更し生徒指導
その後も授業…
昼は休憩なしで
給食指導と掃除
宿題見る
時間ない…
先生
連絡帳
見た〜？

教師の仕事の中で最も時間がかかる業務の一つとして挙げられるのは、提出物のチェックではないでしょうか。確かに大変ですが、逆に言えば、提出物のチェックさえ上手くいけば、業務の負担をかなり減らせるということにもなります。具体的な方法をご紹介しましょう。

まず必要なのが、提出物を見る時間の捻出です。授業がつまっている場合は、子どもに自習をさせている間に点検したり、給食直後や、清掃指導をしながらどうにか点検したり……。連絡帳や日記、毎日の宿題など、その日のうちに子どもに返却すべきものはこうした隙間時間でパッとチェックすると良いでしょう。

提出したか否か……未提出者が誰なのかを把握するためだけの簡易的なチェックであれば、提出したその場で行うこともできます。出席番号順に回収すれば未提出者がすぐに把握でき効率的です。提出物を点検する係を作り、子どもに点検してもらうのもいいでしょう。大人の手間は省けますし、子どもの自主性を育てることにもつながります。

提出物の内容を評価する際は、「どこをどう見るか」という評価の基準を明確にしておけば時短が可能です。評価は成績処理にも関連しますので、次のページからのトピック「成績処理がつらい」で詳しく解説します。

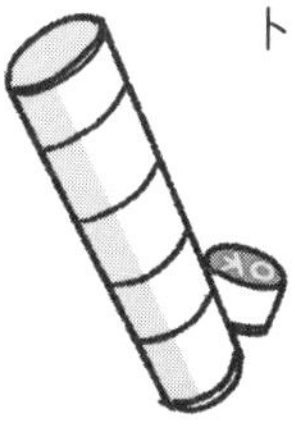

成績処理がつらい

来週中に各教科成績の入力をお願いします
テストの点数の入力
34
98
57
提出物の内容や
note
発表や授業態度の評価
…を
数百人分
来週までは無理…

AAA5　AAB4　ABB4

教師が行う業務の中で特に負担が大きいのが、成績処理です。単純に時間がかかりますし、特に中学校だと内申点が受験の合否に響くということで、クレームの対象にもなりやすいです。正確さや慎重さも求められます。

各教科の評定の入力作業は、通常、学期末に締め切りが設けられますが、締め切りギリギリで成績をつけ始める……なんて無謀な真似は絶対にしないでください。地獄を見ます。早め早めに、平常時から少しずつ提出物や作品のチェックを。普段の授業中に、机間指導をしながら生徒の態度や作品の評価を記録したり、授業時間内の発表会や実技テストを評価材料に入れるなど、授業と並行し評価を行う方法が効率的です。

提出物や課題作品を見る際には、評価の基準を明確化しておくことも大事です。例えば作文の場合、原稿用紙の7割以上、文字を書いていればA評価……指定したキーワードを入れていないとB評価止まり……といった風に、誰が評価しても同じ評定が出るような明確な基準を設けることが必要です。これは時短になるだけではなく、評価の公平性にも直結します。

また、評価の材料は複数用意しましょう。もちろん、評価の材料が少ない方が成績処理の時間は短くて済みますが……評価材料が少ないと正当性に欠け、クレーム時の説明も難しくなります。手間がかかりますが頑張りましょう。材料は最低でも2つ!

BBB3　BCC2　CCC1

所見がつらい

懇談
太郎くんは体育委員の活動も頑張ってますし…授業でも積極的に
その後職員室
コキ
コキ
さて…懇談も終わったし所見でも書くか
カタ
カタ
伝えたいことは全部 懇談中に話したからな
これでよし
懇談済み
「懇談済み」で所見を済ませる学校や先生は実在するそうです

懇談済み懇談済み懇談済み

所見に苦しむ先生は本当に多いですね。ＳＮＳでも「所見をなくすべき」という嘆きにも近い投稿をよく見かけます。30人、40人分の子どもの様子や頑張りを文章で書く……これは相当な負担です。他の業務との兼ね合いも考えると、マンガで示した例のように「懇談済み」の一言で所見を済ませたいところですが、それでは許されない学校もまだ多いことでしょう。そんな学校で働く先生のために、所見の負担を減らす方法をご紹介します。

まず、普段から子どもの様子を観察し、少しずつ書き進めましょう。これだけで大分負担が減ります。係活動や委員会活動の様子、生活面や学習面での頑張り、行事での活躍、子どもの良さがわかる具体的なエピソード、今後の課題などを記録すれば所見に役立ちます。

ちなみに、特別支援学級の場合、通知表の評定がないため、各教科の様子をすべて文章で書かなければいけません。普段の様子に加え、教科ごとの所見が必要なわけです。これを一人で書くことはかなり大変です。そこで特支担任の先生がとる方法が、交流学級の担任や各教科の授業担当に「普段の授業の様子」「得意なこと」「頑張っていたこと」についてコメントをもらい、通知表に反映させる方法です。この、他の先生からコメントをもらう方法は通常学級の担任も使えますね。

懇談済み懇談済み懇談済み

会議が長くてつらい

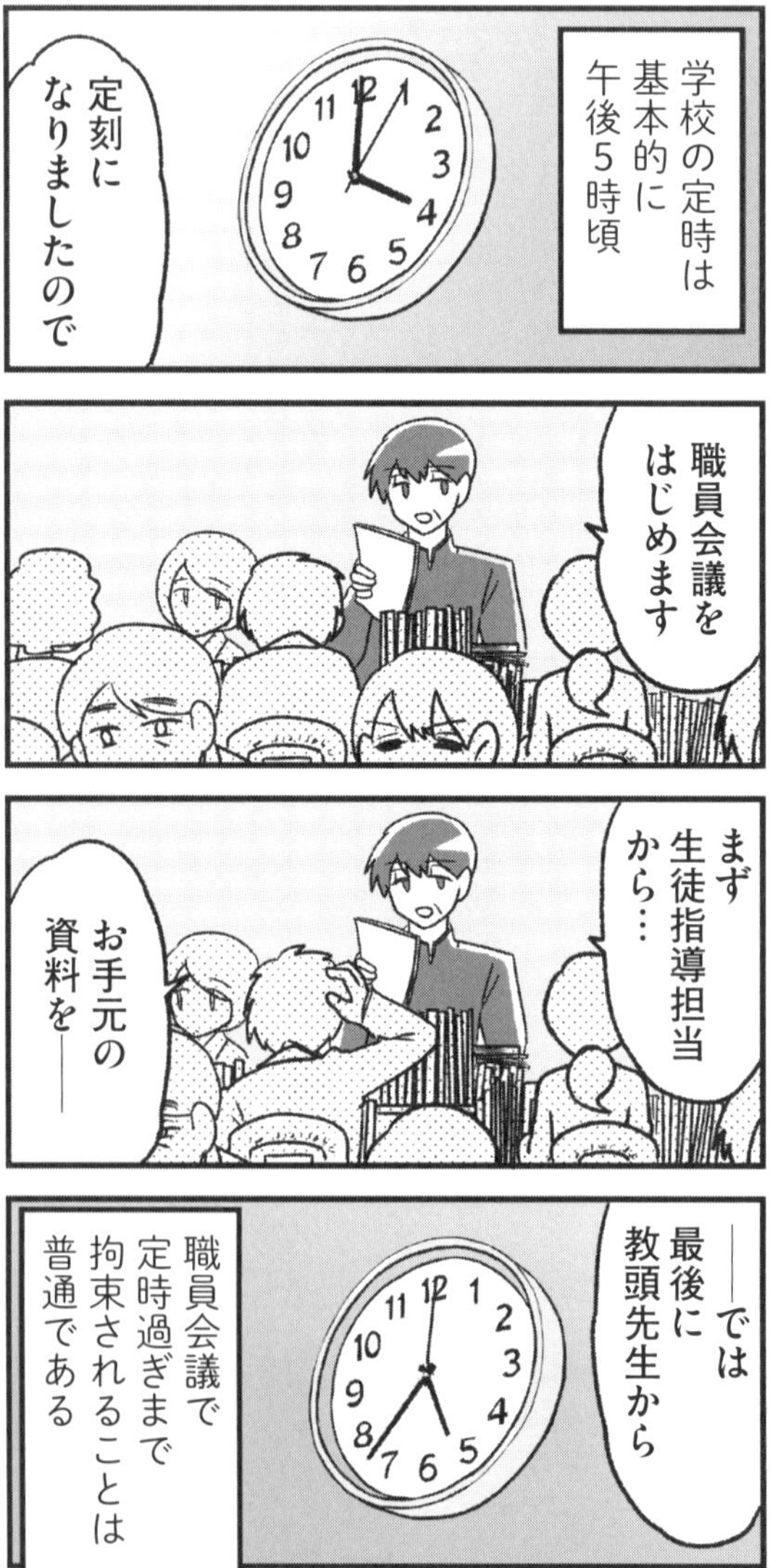
学校の定時は基本的に午後5時頃
定刻になりましたので
職員会議をはじめます
まず生徒指導担当から…
お手元の資料を——
——では最後に教頭先生から
職員会議で定時過ぎまで拘束されることは普通である

tinkle a bell

職員会議に学年、分掌……何かと数が多く、時間がかかるのが会議です。

もちろん、会議の有無に関わらず、定時を過ぎたら退勤することだって理屈の上では可能です。筆者が知っている先生にも、「保育園のお迎えがあるのですみません」と、会議の途中で退勤する先生はいました。それでも問題は起こらず、他の先生からも何も文句は出ませんでした。しかし、今の学校現場では定時後の会議が常態化しています。その中で会議を切り上げて退勤するのはハードルが高く、許されない場合もあるでしょう。

もし自分が会議で何らかの提案をする立場の場合、会議の当日よりも前に資料を作成、配布し、会議前に内容を伝え、質問や意見が出やすいようにすると時短できます。特に、提案内容に関わりが強い先生や重要なポストにいる先生、発言力がある先生には相談という形で個別に話をし、意見を吸い上げておきましょう。手間がかかっても事前に提案内容を練っておけば、会議自体はスムーズになるのでおすすめです。

また、進行役の時間管理も重要です。筆者が以前勤務していた小学校では、職員会議で提案する先生が予め提案時間の目安を伝えておき、進行役の先生が提案時間を過ぎそうになったらベルを鳴らしてお知らせする……というシステムを採用していました。限られた時間を強く意識できる方法ですね。

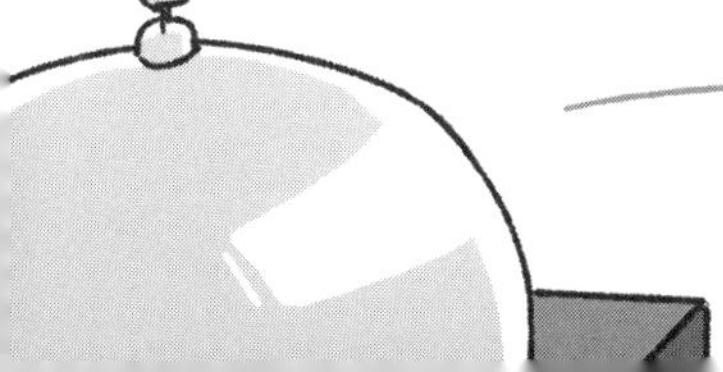

主任仕事がつらい

図工展
図工主任に なった…
図工展の 準備しなきゃ
展示計画 立てて…
6年
5年
作品案内 作って…
2年生 ふしぎなたまご
あっ
平面作品の掲示 私がやらなきゃ ダメなのかな…
ポン
仕事 他の人にも 振ってね？

教師になって2年目以降は、何かの分掌、委員会の長……主任を任される機会も増えてくることと思います。負担が大きい仕事なので、自分一人で仕事を抱え込まないことが大事です、元小学校教諭の高野智子さんに体験談を語っていただきましたので、こちらを参考にされてください。

周りの人に仕事を振ることで業務の大変さは改善されました。教職４年目に「経験としてやってみないか？」と言われ、保健体育部の部長を任されたんです。これが、運動会の全体指揮をとったり、プールの授業についての提案をしたりと、大変な役職だったのですが、周りの先生は年上の先生方ばかりで、保体部の部長になった最初の年はお仕事をお願いしづらく、自分一人で抱え込んでしまっていました。このままでは良くないと思い、その翌年は思い切って他の先生方にお仕事をお願いしてみるようにしました。すごくいい学校で、優しい先生方ばかりだったので、私がいざ頼んでみると「いいよ、やるよ」という感じで快く引き受けてくださいました。言ってみて良かったです。

高野智子さん（大阪府／20代／女性／元小学校教諭）

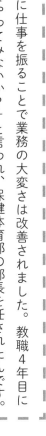

面談がつらい

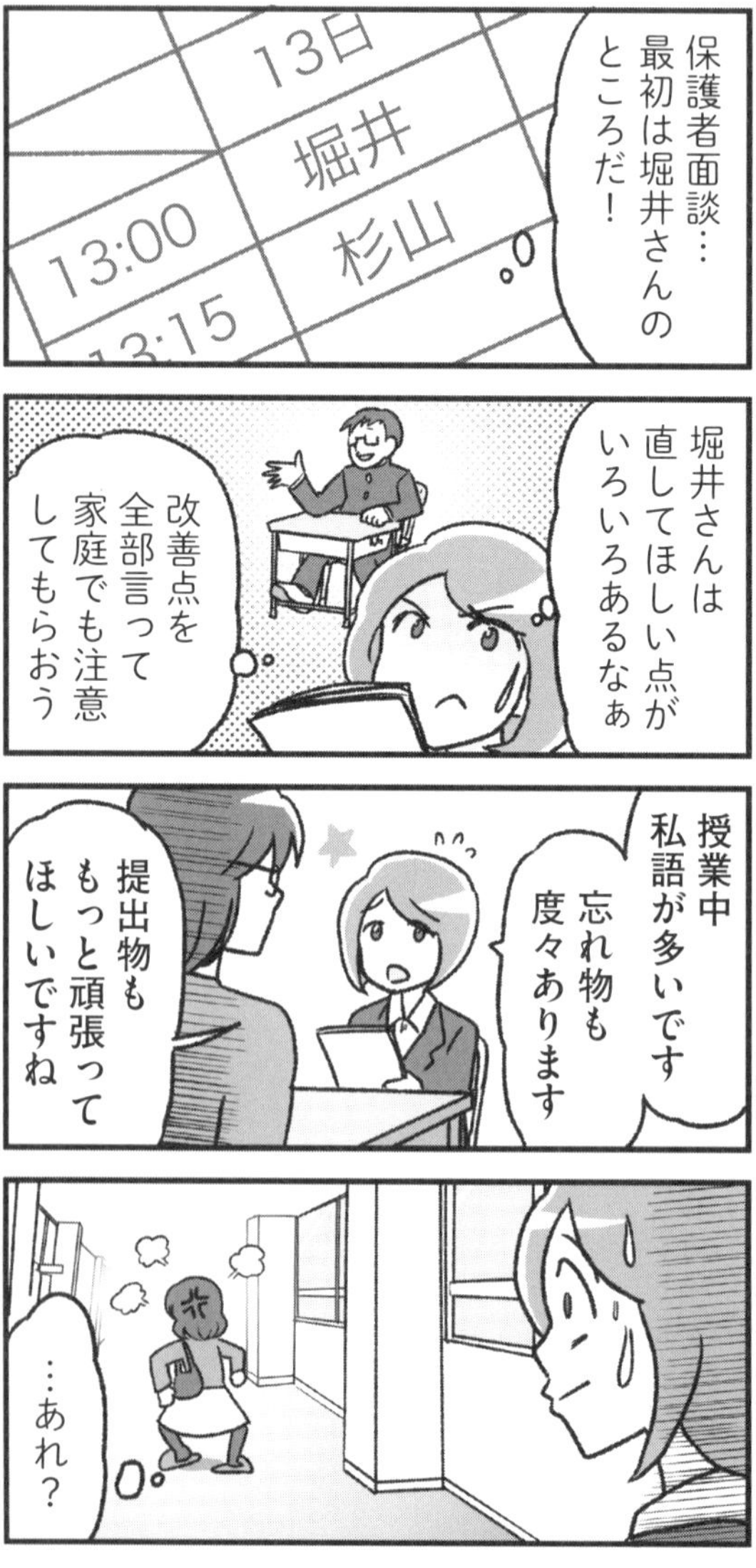

13日
堀井
杉山
13:00
13:15
保護者面談…最初は堀井さんのところだ!
堀井さんは直してほしい点がいろいろあるなぁ
改善点を全部言って家庭でも注意してもらおう
授業中私語が多いです
忘れ物も度々あります
提出物ももっと頑張ってほしいですね
…あれ?

学校の様子を話し、家庭の話を聞く場。それが懇談・面談です。慣れないうちはどんな話をすればいいか悩む先生も多いのではないでしょうか。

面談で話す内容は、所見に書く内容とリンクさせるといいでしょう。

「面談前に全員分の所見を書いておき、その内容を面談で話すのが理想」と聞いたことがあります。容易なことではないですが、可能な範囲で書き進めておきましょう。

また、面談では成績の変化についても伝えるといいですね。特に成績が下がった場合は、その理由を説明し、納得してもらいましょう。ちゃんと事前説明をすることで通知表を配布した後のクレームを減らせます。

そして一番気を付けなければいけないことは、子どもの悪いことばかり指摘しない、ということ。普段の生活や学習の様子から頑張ってること、成長できたことを1つでも探して伝えましょう。課題点を伝えることも重要ですが、保護者を責めるような言い方にならないよう注意が必要です。学校や家庭ができるサポートを考えつつ、協力して子どもを支えていきたい……という前向きな姿勢を見せるのがいいでしょうね。ちなみに、筆者は初任者時代の最初の三者面談で、子どものマイナス面や改善すべき点ばかり話し、面談に来た保護者を不機嫌にさせてしまったことがあります。まさに先のマンガと同じ状況です。あの時のお母さん……ごめんなさい……。

仕事がたまってつらい

研究授業の
指導案書こう…
いや
待てよ
会議の
提案資料が
先かな
出張もあるから
自習計画も
作らないと…
放送機器の
調子が悪いんで
見てください
フリーズした
やること多くて
混乱しているんだろ…きっと

業務過多な学校現場。文部科学省には一刻も早く業務削減をお願いしたいですが、ひとまず個人レベルでできそうな対策をお伝えします。

優先順位。これは筆者が初任者の頃、周囲の先生に言われ続けてきた言葉です。生徒指導や保護者対応以外では、担当の先生が集約する書類など、他の先生に関わる仕事が最優先。あとは締め切りから逆算しつつ、計画的に業務を進めましょう。突発的な指導など、イレギュラーなことにも対応できるような、余裕をもたせたスケジューリングが良いですね。ToDoリストや付箋でタスクを可視化・整理しましょう。

業務の際は、可能な限り既存のものを活用すべきです。提案資料は過去のデータをベースに、自習課題は市販の問題集のコピーで、ネットには校内文書やワークシートのテンプレートも公開されています。オリジナルのものを一から作る必要はありません。あるものを利用し時短しましょう。

そして、意外に大事なのが「何も考えずにできる負担が少ない仕事」。データの入力作業やデスク周辺の整理、プリントの印刷などが該当します。疲労時や朝一番で仕事に気持ちが入らず、負荷が高い仕事が進まない時にこうした仕事をします。とりあえず手を動かして仕事している状態を作ることで、仕事モードへの切り替えが早くなるのです。

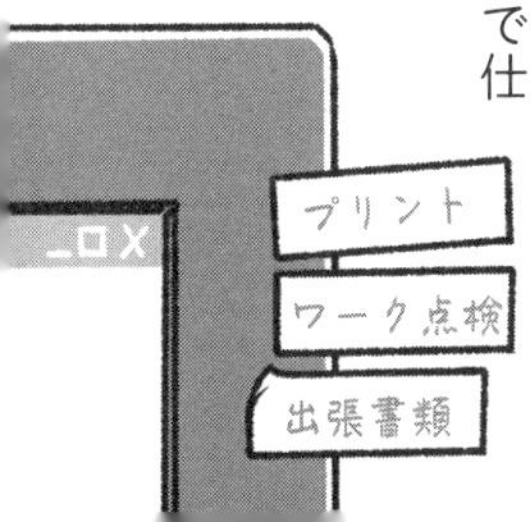

休日が取れなくてつらい

来週の授業準備終わってない…
成績もつけないと
今週の土日は休めないな…
何言ってるの
私なんて土日はずっと部活動で
年に5日しか休めないわよ
サッカー部の先生は正月の3日から部活だし
ねーーっ!!
教師はそんなもんよ
とんでもない仕事に就いてしまったな…

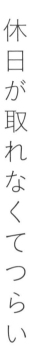

休日は絶対必要です。人間の体力や気力は有限。休日がなかなか取れない人は、原因をしっかり考え、休める日を作るようにしてください。

仕事が追い付かず自主的な休日出勤をしている人は、効率的に仕事を回す工夫が必要です。詳細は１つ前のトピック「仕事がたまってつらい」で。

学校行事の関係で土日祝日に出勤せざるを得ない場合、別の日に休みを取ると良いでしょうね。特にＰＴＡ行事などの代休が設定されない休日出勤の場合は、自分から管理職と交渉してお休みをもらいましょう。丸１日休むことが難しいなら、遅刻や早退による勤務時間短縮も考えてください。

中学校や高等学校には、土日に部活動があるために休日が取れない先生が非常に多いです。一律で部活を休みにする「ノー部活デー」の導入や、部活動の地域移行が議論に上がりますが、土日の部活動が完全になくなるには、まだまだ時間がかかるでしょう。ＳＮＳでは、部活動顧問を拒否する先生、主顧問として活動縮小を試みる先生も散見するものの、関係者の反発が大きくかなりハードルが高い様子。教師の中にも「土日の部活動は当然」と考える人が多く、依然として厳しい状況は続きます。ネットで見つかる顧問拒否の要望書テンプレートや交渉代行サービスは、部活動に苦しむ先生の多さを裏付けているかのようです。一刻も早い状況改善が必要ですね。

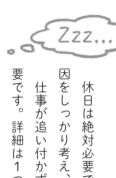

元中学校・高等学校講師 ぺんぺんぐささん

上司との折り合いが悪かったとき。親しい人に相談したり、趣味に没頭したりして乗り切った。

部活動の顧問を文化部と運動部を両方兼部したとき。中体連の時期、休みが1ヶ月以上なくて精神的にも肉体的にも疲弊した。いつか終わると自分に言い聞かせて何とか乗り切った。

ぺんぺんぐささん
(福岡県/30代/女性/元中学校・高等学校講師)

第6章
心身ともにつらいとき

　教職にたずさわる中で、体に疲労がたまり、心を病み、心身ともにつらくなってしまった。何も考えたくない。すべてがどうでもいい。そんな、極限まで疲れてしまった場合の休み方、回復の仕方をご紹介します。

体の疲れがとれなくてつらい

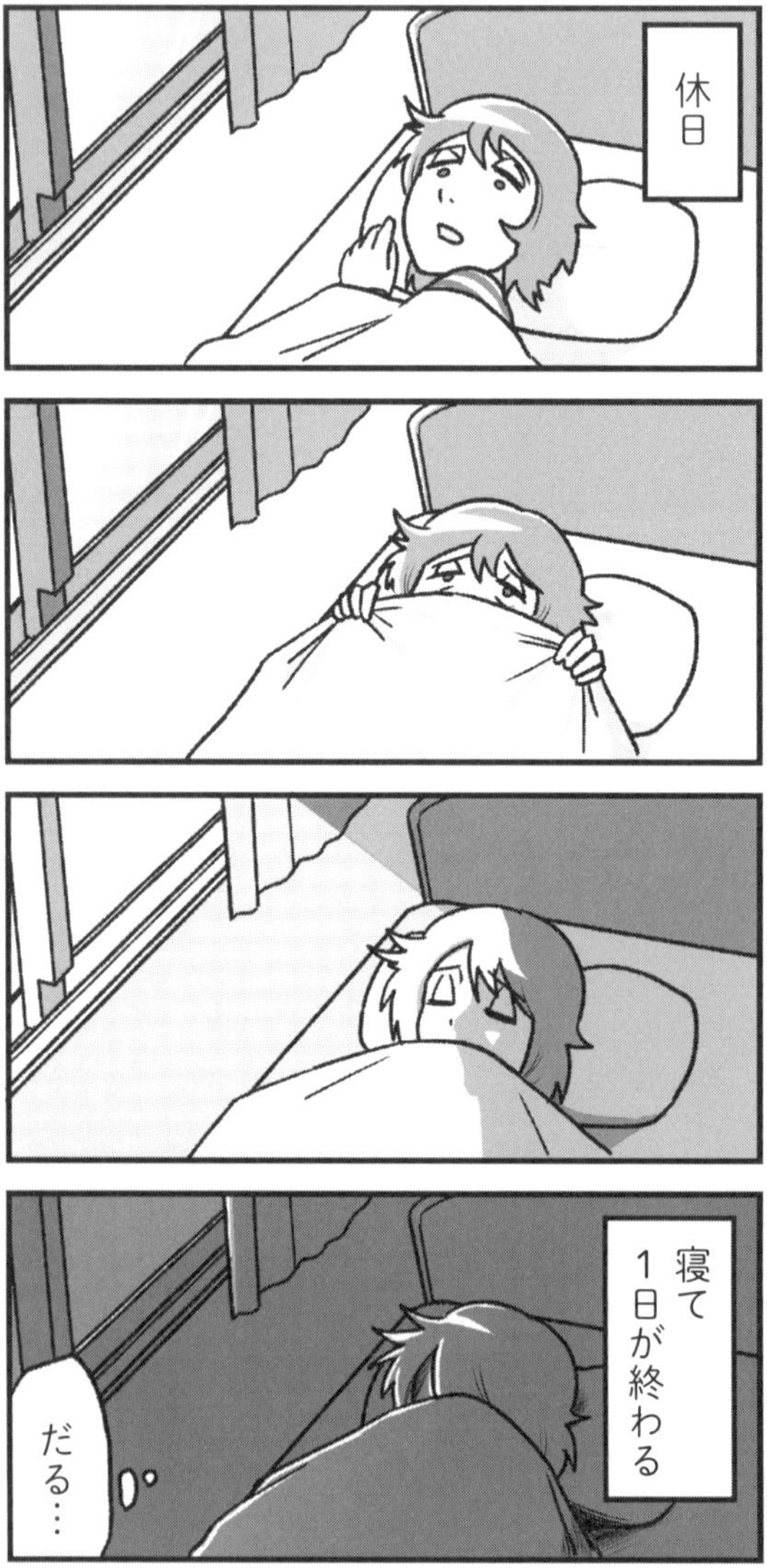

疲れがとれない。でも、頑張らないといけない。そう考え無理をしている先生は多いと思います。しかし、疲労をため込んでいる状態が続くことは危険。免疫力が低下し病気にかかるリスクが高まります。発病にいたる手前の状態だとしても、疲労により精神が不安定になったり、仕事の効率や授業の質が低下したりということは大いにあります。子どものため、同僚のためと無理をすると、結果的に子どもにも同僚にも迷惑をかけてしまうことにもなるのです。周囲を思いやるなら、まず自分を大事に。休むことも仕事のうちです。しっかり休んでください。

そうは言っても、仕事に打ち込むあまり、自分の疲労に気付かない人もいるかもしれません。疲れを感じていてもそうではなくても、週に1日は早く退勤する日を作る、なるべく7時間は寝るようにする、休日出勤はしないなど、日常生活を少しずつ見直し、疲労をためにくい生活を送りましょう。

なお、いくら休んでも疲労感が抜けない場合は慢性的疲労症候群、自律神経失調症などの病気をすでに発症している可能性があります。疲労回復をしない状態や高いストレスにさらされる状態が長く続くと、こうした病気にかかってしまうと言います。心当たりがあれば病院の受診を。病状が悪化する前に、早めに診てもらうようにしましょう。

不安感が消えなくてつらい

授業準備ちゃんとできてない…
教材研究足りてないかも…どうしよう…
地理
放課後は苦手な保護者に電話しなきゃいけない
きっとまた怒鳴られる…どうしよう…
提出書類もたまってるし
テストも近いし
生徒指導のことでベテランの先生に怒られたし
学校で働くこと…いや…
生きてること自体が不安になってきた…どうしよう…

不安を感じること自体は仕方がないこと。しかし、寝ても覚めてもずっと不安……という状態が続くと、うつ病や不安障害といった精神疾患を発症する危険性が生じます。

筆者も、中学校教師生活の最初の２年は常に不安感をかかえながら働いていました。自分の至らなさが気になり、失敗が気になり、クレームや叱責が気になり……。そんな状態がずっと続き、次第に心身に不調が出るようになりました。突発性難聴、識字能力の低下、衝動的な抜毛行為、軽い不眠……。当時は気付かなかったのですが、ストレスのせいで精神疾患になりかけていたんだと思います。

しかし、３年目で担当学年を変わり担任を外れ、副担任になることで不安感が軽減し、症状も回復しました。仕事のミスは減りましたし、同僚から「去年より表情が明るくなった」とも言われました。何らかの治療を受けたわけではありません。所属学年や立場、関わる人間が変わった途端に状況が好転したのです。

不安感を解消するための最も手っ取り早い方法は環境・状況の変化です。筆者のように学年配置が変わって心境が変わる例もあります。職場と無関係な場所で過ごし、同僚とは違う人と交流することが一時的なメンタルケアにもなります。時間の経過、経験の積み上げなどで視野が広くなり、心穏やかになることもあるでしょう。

なお、うつ病や不安障害が疑われる場合は、病院へ行って受診してください。

病気でつらい

荒れてる学校から
落ち着いた学校に異動し
病気になる教師が多いという
生徒指導の負担は減ったはずなのになぜ…

教師は病気による休職が多い仕事。教職を続けたいなら、病気について知っておき、発病にすぐ気付けるようにしておきましょう。

まず、精神疾患の話。原因については諸説ありますが、過度な疲労やストレスが発症を引き起こすと考えて良いでしょう。だるく疲れやすい自律神経失調症、漠然とした不安を抱え作業能率も低下する全般性不安障害、無気力・自責感・無能感などが症状として表れるうつ病が教師に多い疾患として挙げられます。精神疾患は、管理職や同僚に話を聞いてもらっている実感があれば発症しづらくなるそうです。また、睡眠や息抜きの時間も大事ですね。

要注意なのが、所属校勤務2年以内の教師。初任者や異動したばかりの先生は、環境の変化により、発病の確率が大幅に上がります。環境変化にはリスクも伴うのです。

生徒指導案件が多い荒れ気味の学校から、落ち着いた学校に異動した先生も発病リスクが高いです。今までの学校でたまってきた疲労やストレスが、異動後に吹き出すことが原因の一つです。また、荒れている学校は教師間の連携が強固になる傾向があり、落ち着いた学校との人間関係のギャップが生じやすくなります。進学校だと教科指導に求められるハードルも上がるので、そうしたストレスも大きいのです。気に留めておきましょう。

理由はわからないけどとにかくつらい

気持ちがつらいけど、理由がわからない…このような場合、ご自身の中にかなりストレスや疲労がたまっていると考えて良いでしょう。不安や憂うつ、そして病気は、一つの原因だけで生じるものではありません。原因は複合的なもの。心身の疲弊は、いろいろな悩み、出来事が積み重なった上で起こるものと考え、多面的にケアしましょう。

本書でしつこいぐらい何度も書いているのが、ちゃんと休むということ。まずしっかり寝てください。仕事や教員との連携の仕方を工夫して仕事量を調整し、残業や休日出勤の頻度を減らしてください。疲労がなくなったとき、嘘みたいに気持ちが軽くなるということはしばしばあります。

生徒指導案件や保護者対応でのトラブル、締め切りが近い仕事がある場合は……それらが知らないうちにプレッシャーになり、心身に悪い影響が出ていることも考えられます。目の前の問題を一つずつ解決しましょう。

休養をとっても心身の不調が長く続く場合は、医療的ケアを受けてください。これもしつこく書いていますが、受診です。病院で受診しましょう。

思いつく限りの工夫は全部やった、もうこれ以上は頑張れない、こんな仕事もう辞めたい……という気持ちになった人は、休職や異動、転職も考えてみてください。

先生がつらかったときの話⑥

小学校教諭 ナリ先生

学級がうまくいかず、保護者から怒鳴られ、子どもの一部から反抗されたときは、辞めたいといつも思ってました。うつ病となり、途中で辞めましたが、別の環境に行ったときに、子どもと良い関係になり回復していきました。

ナリ先生
（熊本県／40代／男性／小学校教諭）

第７章
それでも教師を辞めたくなったら

　これまでの章では、つらくならないためのやり方、つらくなったときの乗り越え方をご紹介してきました。しかし、いくら手を尽くしてもつらさがぬぐえないこと、辞めたいこともあるかもしれません。その場合はどうすればいいのでしょうか？

教師であることのメリットを考えよう

教師
やめたいの？
はい…
いい仕事なのに
もったいない
……
もうちょっと
続けたら？
どこが
え？
どこが
いい仕事
なんですか？

教師のどこがいいのか。このページを読んでいる人の中には、仕事を辞めたいあまり、そう考えるようになった方もいらっしゃることでしょう。そんなときこそ、教師であることのメリットを改めて考えるいい機会だと思います。仕事内容？　給与面？　社会的信用？　解雇のされにくさ？

他の仕事を経験して見えてくる良さもあるのかもしれません。小学校教諭を退職され、カフェバーを経営するようになった高野智子さんに、教師であることのメリットは何か、お話を伺いました。

公務員は恵まれた環境で生活できていたということが教師を辞めてわかりました。教師時代はお金のことをちゃんと知らなかったんですけど、税金面、給与面、ボーナスなど、教師がお金の面で守られていたことは退職後に痛感してます。また、学校の仕事は特別です。教師は世間知らずだとよく言われますが、それは言い換えると「特殊なことができる仕事」だということです。子どもたちといっしょに学校で過ごし、たくさんのことを経験する。学校で働かないかぎりはこんな面白いことはできないと思います。そう思うと学校は良い職場環境でもあったと感じます。

高野智子さん（大阪府／20代／女性／元小学校教諭）

休職をしよう

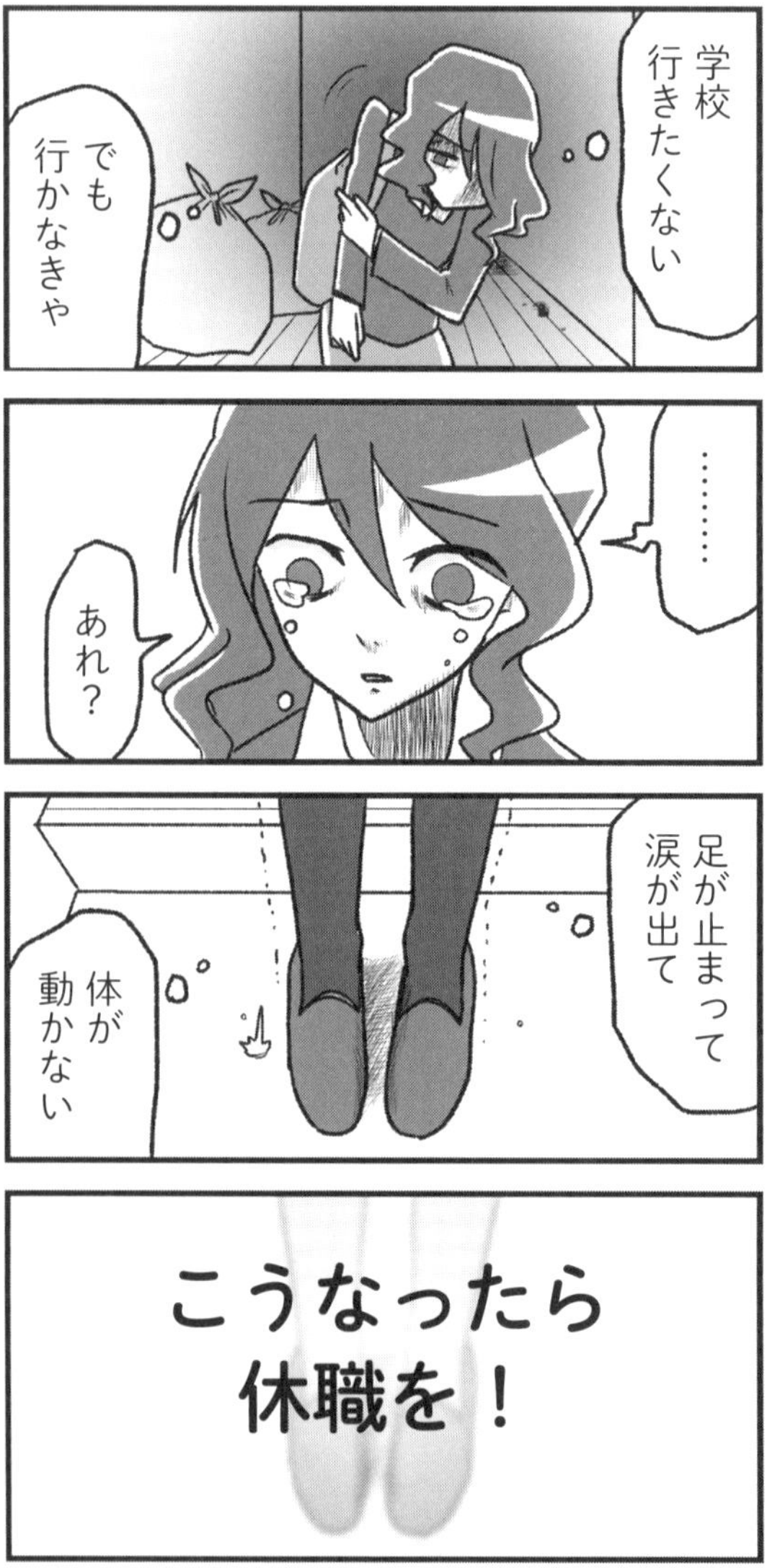
学校
行きたくない
でも
行かなきゃ
………
あれ？
足が止まって
涙が出て
体が
動かない
こうなったら
休職を！

いきなり退職するのではなく、休職を一度するのも一つのやり方。むしろ、心身の不調が回復しない場合は休暇を取得し休養すべきです。休むのは悪いことじゃないですし、休んだとしてもどうにかなります。大丈夫です。

さて、病気によって長期的に仕事を休みたい場合、病気休暇や病気休職という制度があります。自治体によって内容は異なりますが……最大90日取得でき、休暇中の給料が全額保証されるのが病気休暇。最大3年間取得でき、最初の1年間は給料の8割が保証されるのが病気休職です。休暇中に医師の診察を受け、必要に応じて休職の申請をしてください。

休職中は仕事のことは考えず、休むことに専念。復職をする際も焦らず、管理職と相談し仕事量や校内人事を配慮してもらうと良いでしょう。

ここで、病休後復職された中学校教諭「な病んでる先生」のお話を掲載しましょう。ご参考になさってください。

職員関係のストレスもあり適応障害を発症し、病休をとって療養した。復職後の校内人事にはかなり配慮してもらった。

な病んでる先生（岩手県／40代／男性／中学校教諭）

異動をしよう

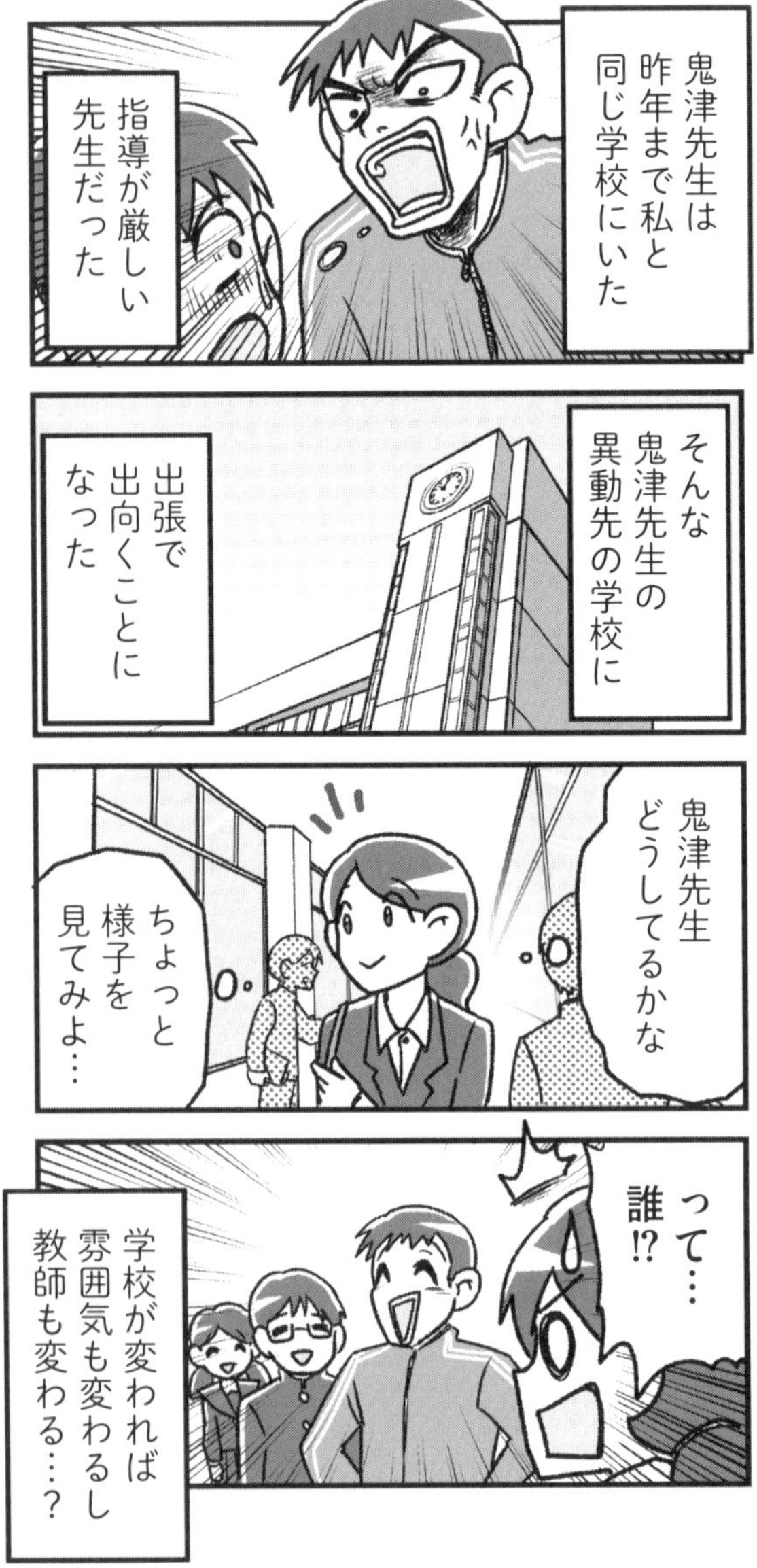
鬼津先生は
昨年まで私と
同じ学校にいた
指導が厳しい
先生だった
そんな
鬼津先生の
異動先の学校に
出張で
出向くことに
なった
鬼津先生
どうしてるかな
ちょっと
様子を
見てみよ…
って…
誰⁉
学校が変われば
雰囲気も変わるし
教師も変わる…？

教師の仕事は好き、でも働きづらさを感じる。そんな人は今働いている学校が合っていないのかもしれません。学校の環境は、それぞれで大きく変わります。異動によって救われた先生も多いことでしょう。

公立学校の場合、同じ学校に数年勤務すれば、異動する職員の対象になれます。多くの学校では毎年11〜12月頃、異動希望調査を行います。こちらが特に希望しなくても10年近く同じ学校に勤務すれば、ほぼ確実に異動することにはなりますが、希望によって早めることもできるのです。

また、異動に際して校種変更を視野に入れても良いでしょう。小学校、中学校、高等学校、特別支援学校。それぞれがまったく違う文化や働き方で回っています。違う校種の方が自分の適性に合う、ということもあるかもしれません。詳しくは第8章「それぞれの校種・勤務形態の良さとつらさ」で述べます。

ただ、異動にはリスクを伴うことも知っておく必要があります。新しい環境や人間関係に適応するにはそれなりにエネルギーが要りますし、異動先が必ずしも自分に合う学校だというわけではないのです。120ページ「病気でつらい」でも説明したように、異動後に発病する例もあります。その辺りの事情も踏まえた上で、異動を考えましょう。

転職活動をしよう

綺麗なオフィス
ピッ
ちゃんとしたセキュリティ
休憩スペース!?
社員がみんなキラキラしてる
転職活動で訪問先の会社のすべてが良く見えてしまう

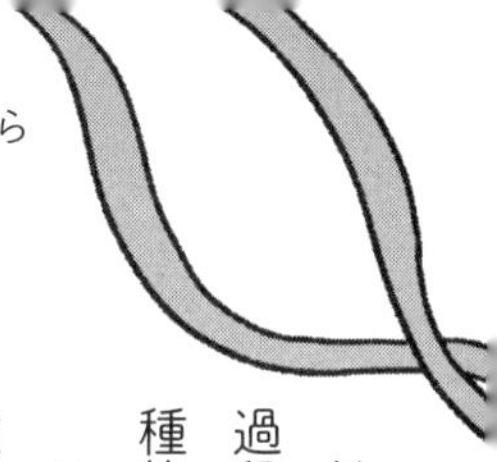

社会勉強として、退職の判断材料として、在職中の転職活動も良いでしょう。その過程で、学校外の世界を覗くことができます。企業面接や社会人インターンでの異業種体験は、きっとあなたの視野を広げてくれることでしょう。

ここで、民間企業のシステムエンジニアから教師になったモーリー先生と、小学校教諭からカフェバーの経営者になった高野智子さんに、教師の仕事と他の仕事の違いを教えていただきました。

民間企業は残業代が出た。電子決裁の導入など、業務に対して合理的。客次第ではあるが、仕事の目的は割と明確。会社の存続は心配だった。

モーリー先生（島根県／40代／男性／高等学校講師）

学校の仕事は、子どもと保護者と同僚の教師で完結してしまっている面があります。教材屋さんや旅行会社の方など、たまに業者の方が学校に出入りしたりもしますが、それも限られた人たちだけです。教師を辞めて事業を始めることで世界が一気に広がった感じがします。

高野智子さん（大阪府／20代／女性／元小学校教諭）

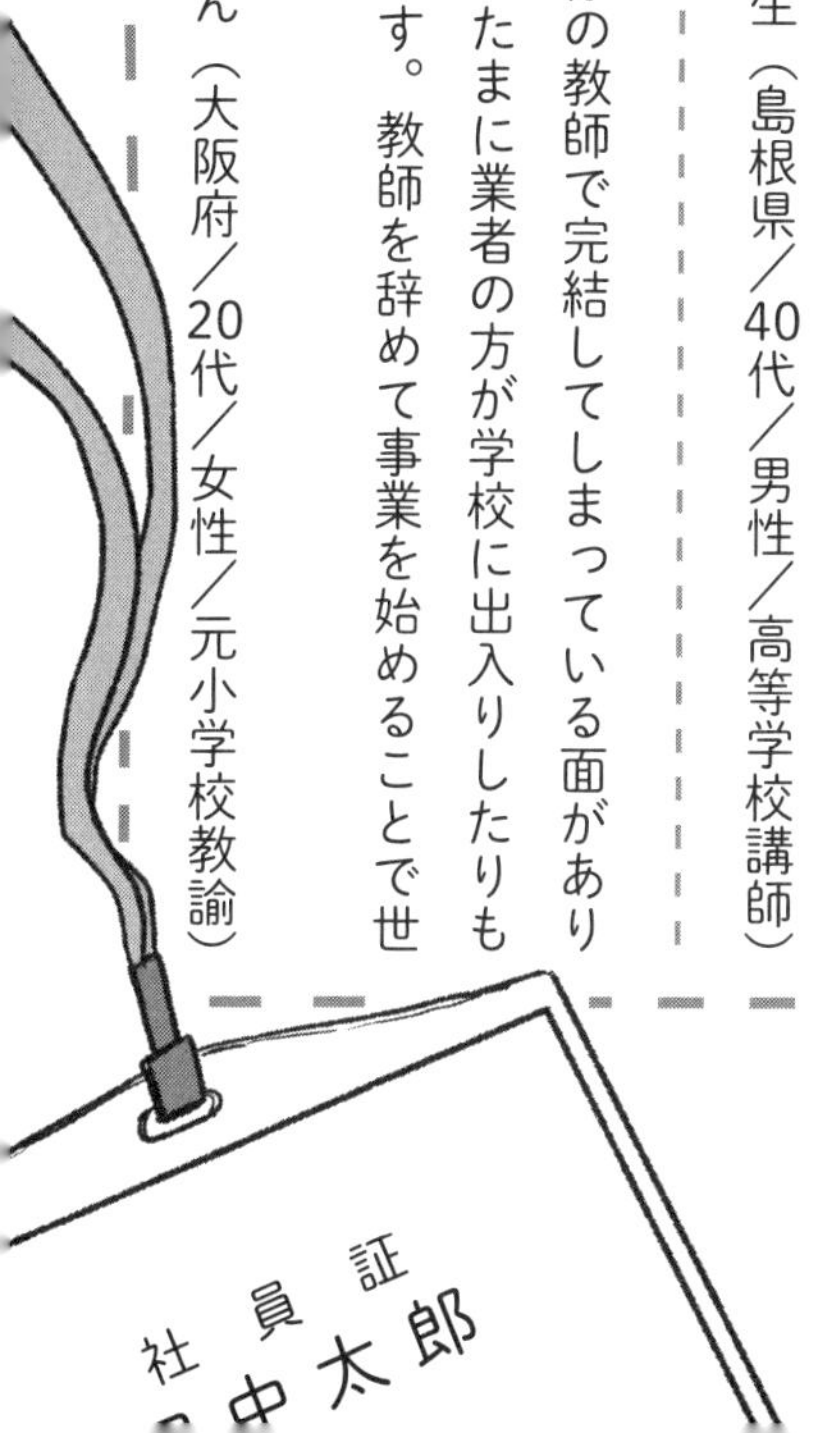

退職しても戻ってくることができる

学校にもう
未練はない…
退職しよう
数ヶ月後
……。
早まった
かな…
就職先なかなか
見つからないし
バイトもバイトで
大変だし…
…あれ？
先輩教師から
連絡が
!?
非常勤講師を
探してるんだけど
やってみない？
学校現場は
いつでも人を
求めている

退職してもいい。むしろ、退職は選択肢の一つとして残すべきかと思います。辞めたらもう戻れない、つらくても我慢しなければ……と思い詰めてしまうから苦しいのです。そもそも、辞めたら戻れない、ということはありません。辞めてまた復帰する教師は実際にいます。そう考えれば、幾分気が楽になりませんか？　転職中元教師さんの話もご紹介しましょう。

転職を考えている時点で転職をした方がいいと思います。数年前はせっかく職に就いたのだし3年は我慢して働け、というようなこともあったと思いますが、今、教職はいつでも戻れると思います。人生は一度きりなので他のこともやってみてやっぱり教員に戻るのもアリだと思います。

転職中元教師さん（東京都／30代／男性／元中学校教諭）

ちなみに、筆者も一度教師を退職して現場復帰した身です。「非常勤の職員を探しています」という元同僚からの連絡がきっかけで、特別支援教育支援員になりました。自分から辞めたのに、また学校に戻ることに気まずさはありましたが、意外と受け入れてもらえて安心したのを覚えています。

教師を続ける理由

教師を続ける理由って何だろう
授業？
子どもたちとの交流？
教え子の成長する姿？
いろいろあるけど…
給食の存在は大きい
牛乳
一食300円弱でこのクオリティはすごい

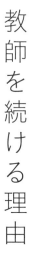

現職の先生に、教師を続ける理由を尋ねました。

毎日辞めたいと思いながらも続けていくと思う。一度退職してから現場復帰したが、辞めた時期にやっぱり教員になりたいと思っていたから。

クリームカルピスソーダ先生（30代／女性／小学校教諭）

今の給料を保ちつつ辞められないため、辞めたいけど続けると思います。

三色団子先生（20代／女性／中学校教諭）

つらいことも多々ありますが、「こんな授業をやってみよう！」と計画するときのワクワク感がありますし、やってみて子どもの反応がいいとやってよかったなぁと充足感があります。これは先生にとって醍醐味の一つだろうなと思います。

ナリ先生（熊本県／40代／男性／小学校教諭）

人によっていろいろですね。この他、「子どもたちの成長に関われること」「待遇の良さ」という答えもありました。あなたの理由は何ですか？

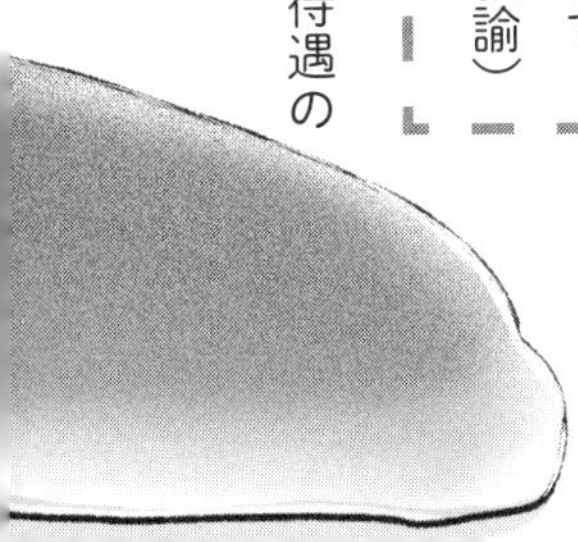

高等学校講師 モーリー先生

学校の規則が厳しすぎるとき。それくらいいいでしょ、というのでもやらんといかんとなるといやだなぁってなる。辞めるのはいつでもできるし、やるだけやってみて無理だったら辞めてやろうという心構えで乗り越えた。

モーリー先生（島根県／40代／男性／高等学校講師）

第８章
それぞれの校種・勤務形態の良さとつらさ

小学校か中学校か高等学校か特別支援学校か。公立学校か私立学校か。全日制か通信制か。常勤か非常勤か。学校にも様々な校種や勤務形態があります。今の仕事がつらい人は働く校種や勤務の仕方を変えるのも一つの手段？　本章をご参考に！

小学校の良さとつらさ

わい わいわい わい
低学年
ガタ ガタ ガタッ
5秒以内に席に座りましょう！
5
4
3…
高学年
わい わい
5秒以内に席に座りましょう！
オレらはそんな言い方効かないよw
低学年じゃないんでw
ぐぬぬ…
年齢の幅が広く指導も一筋縄ではいかない

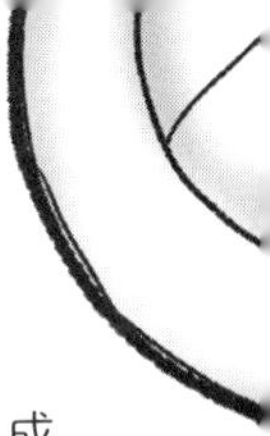

小学校の教師は、様々な発達段階の子どもと関わる仕事。長期にわたって子どもの成長を見届けることができます。中学校や高等学校と違い、部活動指導がない学校が多いので、放課後や休日の時間のコントロールがしやすいことも魅力です。その反面、より児童に対する細やかなケアが必要であること、学級担任だとほぼ全ての教科の授業を担当しなければいけないことは、他の校種と比べ大変な面だと思います。

小学校、中学校の両方の勤務経験があるクリームカルピスソーダ先生にも、小学校勤務の良さとつらさについて語っていただきました。

小学校勤務の良いところは、子どものいろいろな場面での成長が見られること。１日中一緒なので仲が深まること。予想していなかったことがたくさん起きて楽しく刺激的なことだと思う。修了式の当日はとても達成感があるし、子どもたちへの感謝の気持ちも溢《あふ》れる。

反対につらいところは、中学校に比べると保護者対応が格段に多いこと。話が伝わりにくいので、伝え方をすごく考えなくてはならないこと。教材研究の時間を勤務時間内では確保できないことだと思う。

クリームカルピスソーダ先生（30代／女性／小学校教諭）

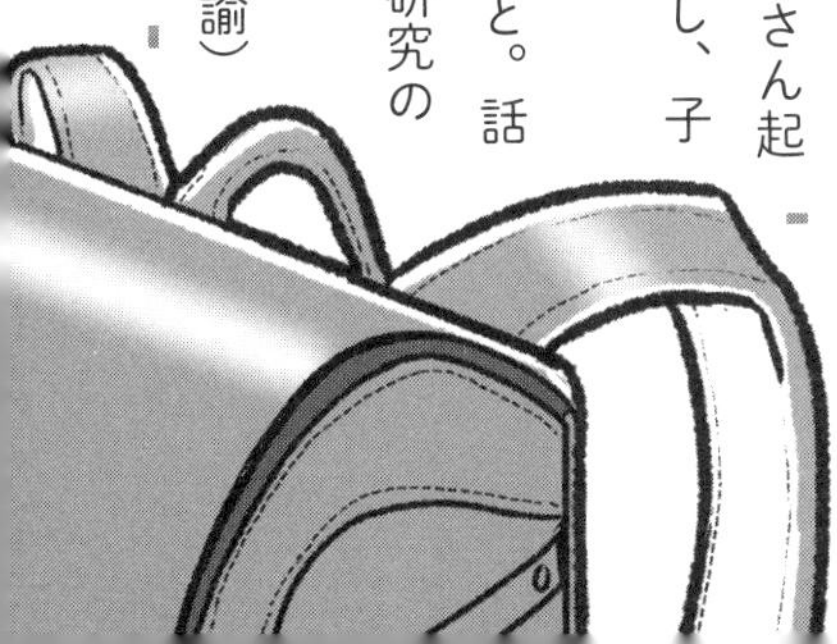

中学校の良さとつらさ

中学校は教科担任制
月曜
1校時
2校時
1-1美術
1-3美術
2-2数学
1-5数学
生徒指導
米田
1-4社会
不登校
授業は自分の専門科目が中心
つまり授業研究では自分が好きなことを追求できる
楽しいいいいいいぃ
その代わり
部活動では未経験のスポーツの指導をする場合もかなり多い
soccer
オフサイドって何…？

教科担任制を基本とする中学校の授業スタイルは、専門教科の授業に専念したい教師にはとても良いと思います。複数の大人の目で一つのクラスを見ることにもなるので、他の教師との連携も図りやすいです。しかし、部活動による長時間労働や、複雑化した生徒指導など大変な面も多いです。

中学校勤務の良さとつらさについて、中学校に臨時任用的講師として勤務されたことがあるクリームカルピスソーダ先生に、お話を伺いました。

中学校勤務の良いところは、自分の得意とする教科を教えられること。勤務時間内での教材研究の時間が空き時間があるため確保できること。大人の言葉がわりと通じるので話し方を変えなくてもいいこと。子どもと一緒にできることが多いこと。一緒にできずとも、指示ができていれば生徒に任せることもできる。

反対につらいところは、受験があるので成績をつけるプレッシャーがあること。思春期の子ども相手なので難しい面があること。そして部活動指導の過酷さ。中学校勤務当時は部活を断ることができず、当たり前に働いていた。合宿や交通費が自腹な点もつらい。

クリームカルピスソーダ先生（30代／女性／小学校教諭）

高等学校の良さとつらさ

中学生より
成長した
高校生
そのため
高校は保護者も
子離れしている
ケースが多く
クレーム対応も
少ないんだとか
ただし
ドサッ
T京大学
一般選抜
かもがわ大学
入試要項
受験の対応は
大変である
要綱多すぎ…

※学校ごとに事情は異なります。
進学校では受験対策が大変な傾向にあるようです。

教科担任制や部活動指導など、中学校との共通点が多いのが高等学校。ただ、高校生の方が中学生よりも精神的に大人であり、指導しやすい傾向にある点は異なるようです。また、授業内容が中学校より専門的なため、高度な教科指導が可能であることも利点ですね。

一方で、進路指導の大変さを訴える先生は多いです。入試制度は大学ごと、年度ごとに変わるため、把握も容易ではないとか……。

公立学校の場合だと異動の範囲の広さも大変な点です。小・中学校の教師は基本的に市町村の教育委員会が採用するので、本人の希望がない限りは、異動の範囲も採用された市町村の中に留まります。しかし、高等学校の教師は都道府県の教育委員会が採用するため異動の範囲が広くなるのです。２児の父でもあるモーリー先生は、転勤のことも考慮し、講師のまま働くことを選択されていると言います。

現在は講師。正規採用は転勤があり、家庭とのバランスが保てないので、講師のままかも。講師だと割と気楽なところはあるからぼちぼち続けられそう。つらくなり、自分がもたなくなってしまったら辞めてしまおうの心構え。

モーリー先生（島根県／40代／男性／高等学校講師）

特別支援学校の良さとつらさ

学校の授業で使うのは基本的に文部科学省の検定を経た教科書
国語
特別支援学校の授業も教科書を使うが…
支援学校は
様々な障害、様々な特性がある子どもが集まるため
あか
あいさつ
づけ
子どもの実態に合わせた教材を自作することも多い

特別支援学校では、一人一人の教育的ニーズに応じたカリキュラムが組まれます。教科指導以外に、子どもの実態に応じた自立活動も組まれます。そのため、活動内容は他の校種より柔軟で、多様性に富んでいます。

こちらは、特別支援常勤講師5年目の先生の経験談です。

知的障害の支援学校では朝にランニングの時間があり、私も生徒と一緒に走ったり、雨なら教室でストレッチをしていました。半分は生徒のためで、もう半分は私のためにノリノリで行ってました。

特別支援常勤講師5年目の先生（大阪府／20代／女性／特別支援学校常勤講師）

他の校種との制度的な違いとしては、複数担任制や、年齢に応じた学部があり、幼稚部・小学部・中学部・高等部が存在する点が挙げられます。

大変な点は、希望と異なる学部に配置される場合があること。他の学校より子どもの年齢差があるため、希望から外れると苦労するでしょう。

また、公立の特別支援学校は都道府県の教育委員会の管轄なので、異動の範囲が広いことも大変な点かと思います。この点は高等学校と同じですね。

公立学校の良さとつらさ

都道府県や市町村など
地方公共団体が設立したのが公立の学校だ
○×市立○×中学校
教員採用試験を受験したり
講師登録
教育委員会に書類を提出し講師登録すると公立学校の職員になれる
公立の教師は公務員であり（私立は異なる）
採用は各自治体
待遇も自治体で決まっており安定はしている
なお採用された自治体の中での異動もある
次の異動先交通の便すごい悪いなぁ…
市内なのに片道1時間…

公立と私立。双方の勤務経験がある方にお話を伺いました。まずは公立。

公立中学校の話です。私が勤務した学校は比較的落ち着いていましたが、小さい学校だったので、生徒の数に対して教員の人数が少なかったと思います。そのため、教員１人に割り当てられる仕事の量は多かったと思います。

また経験豊富な教員が集まり行事や儀式などの準備や運営に関して、様々な対策を取りながら進めることが出来たと思います。ただ、いろいろな意見が出て、なかなかまとまらないときもありました。

転職中元教師さん（東京都／30代／男性／元中学校教諭）

公立の高等学校の良かった点は、働き方に理解があること。研修がいろいろあること。福利厚生。自治体の公務員の横のつながり。

つらかった点は、採用が大変なこと。自治体によるが、なんだかんだで倍率が高い。住所が選べず、どこに配属されるのか不透明なこと。職員が異動していくので、レアケースなことが起こると「どうしたらいいっけ？」ということがある。

モーリー先生（島根県／40代／男性／高等学校講師）

私立学校の良さとつらさ

私立の学校は採用が学校法人
経営は基本的に学校裁量だしワンマン校長も存在する
電子黒板を導入します!
校長
公立だと新しい設備はなかなか導入できないのに
おぉおおっ!
私立すごい!
あと土曜授業とオープンスクール増やします
校長
従わないと契約切るよ
ええええええ
ワンマンも良し悪しである

今度は私立の経験談。学校差が特に大きいそうです。この話はその一例。

私立中学の話です。私の経験上、私立の方が公立より拘束時間は激しかったです。土日は部活と授業、学校説明会で何十連勤は当たり前。経営が傾いていた学校で、教員が一丸となっていたので、やりがいはありました。

転職中元教師さん（東京都／30代／男性／元中学校教諭）

私立の高等学校の良かった点は、未経験でもいきなり担任を持てたこと。10年以上同じ学校に勤める方も割といて、その学校の歴史を知っている。体育館と別に講堂があったりと設備は良かったように思う。

つらかった点は、校則の厳しさ。自称進学校だったが、生徒の学力と、勉強量・教材が合ってなかった。オープンスクールが多く、生徒募集も大変。働き方にブラックな面があった。また、経営は校長のワンマンに近かった。校長権限で電子黒板が突然導入されたことは個人的に良かったが、急な方針転換に翻弄されて大変だった。講師の場合、校長の方針と合わないと来年の契約がなくなる。

モーリー先生（島根県／40代／男性／高等学校講師）

通信制学校の良さとつらさ

通信制とは
インターネットや郵送を活用し単位を取得する教育課程だ
なお登校中心の課程は全日制（平日昼間）定時制（昼か夜の限定された時間）と呼ぶ
通信制の学校は自宅学習が基本
スクーリング会場
××高等学校
しかし登校して直接授業を受ける…
スクーリング（面接授業）が設定されている学校も多い
スクーリングは回数も少ないため授業準備の負担は少ない
しかし
もっと授業したい…
ちょっと物足りないかも…

全日制と通信制、双方のご経験がある先生に通信制について伺いました。

勤務したのは私立…株式会社立の通信制高校。良かった点は、やりたい企画が通りやすいこと。通学するコースがあったが、単位は通信制カリキュラムで取得できるため、通学時の授業の内容は自由だった。

例えば、多読演習と銘打って好きな本の話をしたり……ボードゲームで脳トレしたり。担任として生徒を１００人近く受け持つことになったが、毎日の連絡は不要。工夫次第で仕事量も調整できた。授業はスクーリングのみ、同じ授業を違う生徒に何回もするので、準備に割く時間が少なくて済んだ。校則に関する生徒指導も不要。労働環境も良かった。パソコンの性能が良くiPhoneも貸与。オフィスグリコ……置き菓子サービスも設置された。残業代も出た。

つらかった点は、生徒が少なかった頃の、他校への学校訪問。やんちゃな生徒もおり、そのトラブル対応が大変だった。レポートをやらない生徒の指導に苦慮した。メンタルが不安定な生徒の接し方や距離感にも悩んだ。スクーリングの授業だけだと、物足りなさはあるかもしれない。

モーリー先生（島根県／40代／男性／高等学校講師）

常勤の良さとつらさ

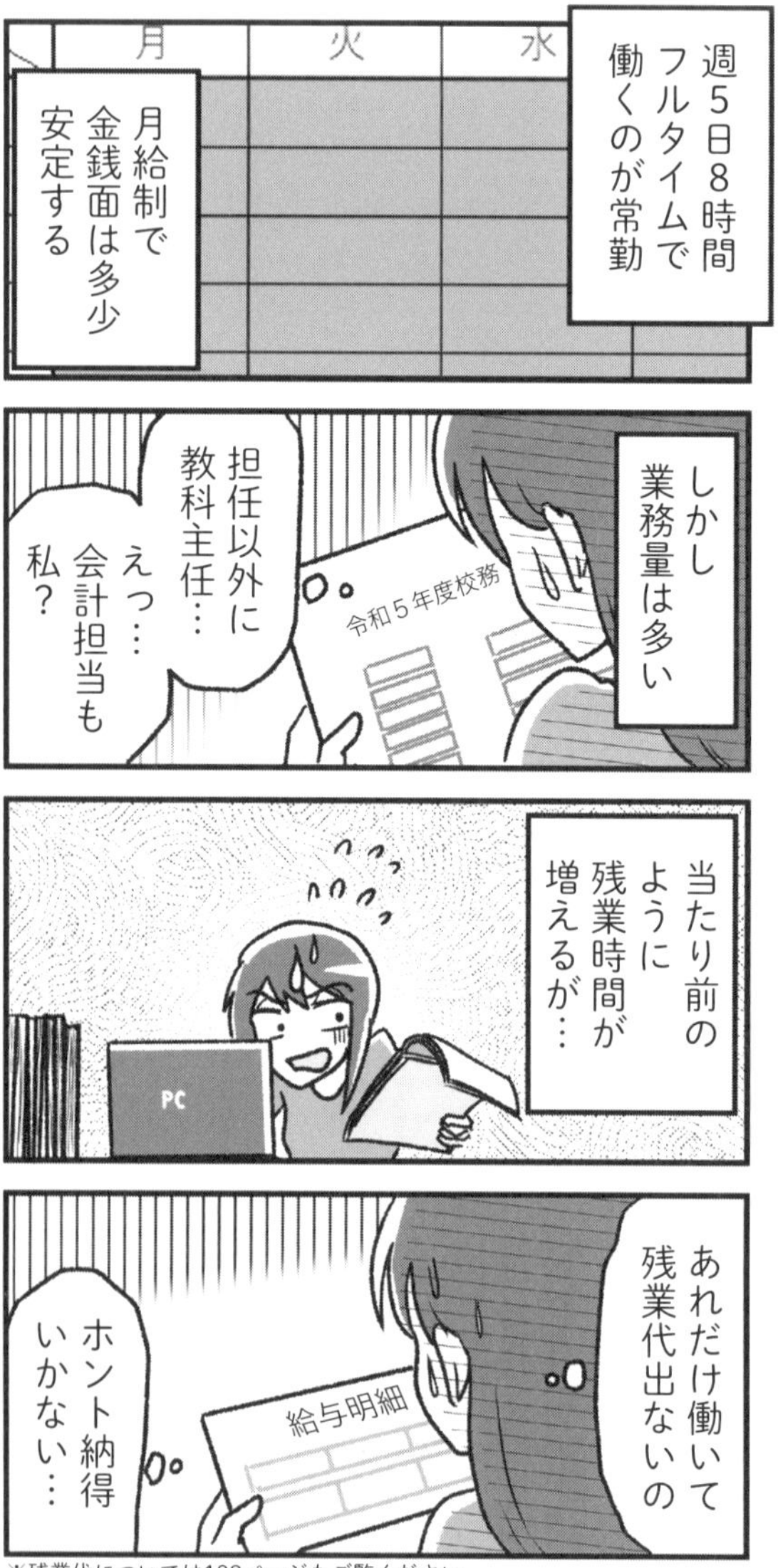
週5日8時間フルタイムで働くのが常勤
月
火
水
月給制で金銭面は多少安定する
しかし業務量は多い
令和５年度校務
担任以外に教科主任…
えっ… 会計担当も私？
当たり前のように残業時間が増えるが…
PC
あれだけ働いて残業代出ないの
給与明細
ホント納得いかない…

※残業代については189ページもご覧ください。

1日に8時間、週5日フルタイムで勤務することを「常勤」と言います。このトピックではまず常勤の教師についてご説明しましょう。現職の先生方は周知の事かもしれませんが、お付き合いいただければ幸いです。

常勤の中にも正規採用の職員か、非正規雇用の職員かで待遇が変わります。教員採用試験に合格した無期雇用の正規の教師が「教諭」。非正規雇用の職員は、正式には「臨時的任用職員」と言い、臨時講師や常勤講師、講師とも呼ばれます。産休・育休・休職の教諭の補充として任用される場合が多く、契約の期間は最大で1年ですが、契約の更新により、数年間は同じ学校で勤務するという人がほとんどです。

臨時任用的職員の仕事内容は基本的に教諭と変わらず、学級担任や授業、「校務分掌」と呼ばれる学校運営のための職務も受け持ちます。しかし、給与は教諭より低く、上限もあります。待遇が良くないため、採用試験を受験し教諭を目指す人も多いですが、教諭と同じく多忙なため、勉強時間の確保が難しい現状があります。こうした待遇の差は問題視される点ですね。

常勤のデメリットは長時間労働や業務の煩雑さです。これらの点については本書で述べてきた通りです。常勤の業務の大変さを回避するため、非常勤で働く選択をする先生もいます。

非常勤の良さとつらさ

月
火
水
非常勤
常勤よりも勤務時間が短い
校務分掌や部活は担当せず残業なしで定時に退勤できる
お先に失礼しま～す！
授業の補助や子どもの支援…本来の仕事に専念できる…！
趣味も兼業もできるのはすごい…！
しかし
収入は低い
毎日働いてるのに
今月もお給料10万円下回ってる…

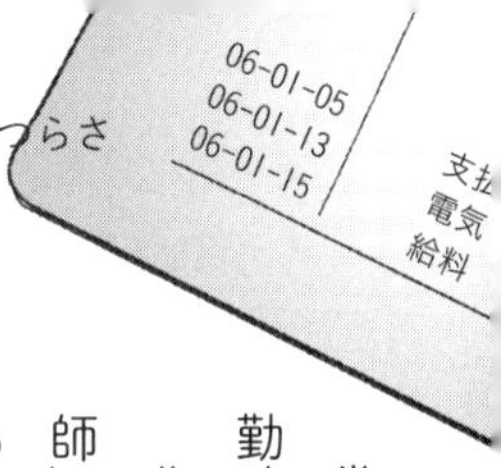

常勤よりも勤務時間が少ないのが非常勤の職員。限られた曜日だけ出勤したり、退勤時間が常勤より早かったりします。時給制のパート職員です。

非常勤の教職員の中には、担当する授業がある日だけ出勤する授業専門の「非常勤講師」、教師という枠組みとは少し異なりますが、障害のある子どもの介助や発達障害のある子どもの学習支援を行う「介助員」や「特別支援教育支援員」という役職もあります。

非常勤であることの最大のメリットは時間的余裕です。決まった時刻にパッと退勤できる……なんと素敵なことでしょうか！　しかも、校務分掌や部活動を担当することがないため、授業や児童・生徒支援に専念できます。残業も基本的にありません。仕事による精神的苦痛も比較的軽めです。

最大のデメリットは収入の少なさと不安定さです。勤務時間の上限もありますし、時給もさほど高くありません。授業がない日や子どもが登校しない日は賃金が発生せず、夏休みなど長期休暇の時は他の職を探さないと無収入になります。ボーナスが出ない自治体も普通。金策は必須ですね。

また、放課後の会議や打ち合わせに参加する機会がほぼないため、仕事に必要な情報が回ってこないこともあります。資料や他の職員の動きをよく見て、気になることは自分から話を聞きに行くと良いでしょう。

先生がつらかったときの話⑧

中学校教諭 ミルクティー先生

生徒に隣の経験のある先生と比べられたとき。子どもたちを信じ、自分がした方がいいと思うことを続けた。すると、自分の良さを生徒たちが気付いてくれた。今は恩師のように慕ってくれていて、毎年クラス会を開いています。

ミルクティー先生

（栃木県／30代／男性／中学校教諭）

第９章
それぞれの立場から「教師のつらさ」について考える

　一口に教師と言っても様々な考え方、立場の人がいます。この章では、異なる校種、異なる役職の先生方に、教職の良さや仕事へのこだわり……そして「教師のつらさ」とその乗り越え方についてお話を伺いました。

学級通信を業務改善に役立て仕事のつらさをなくす

小学校教諭 匿名希望の先生

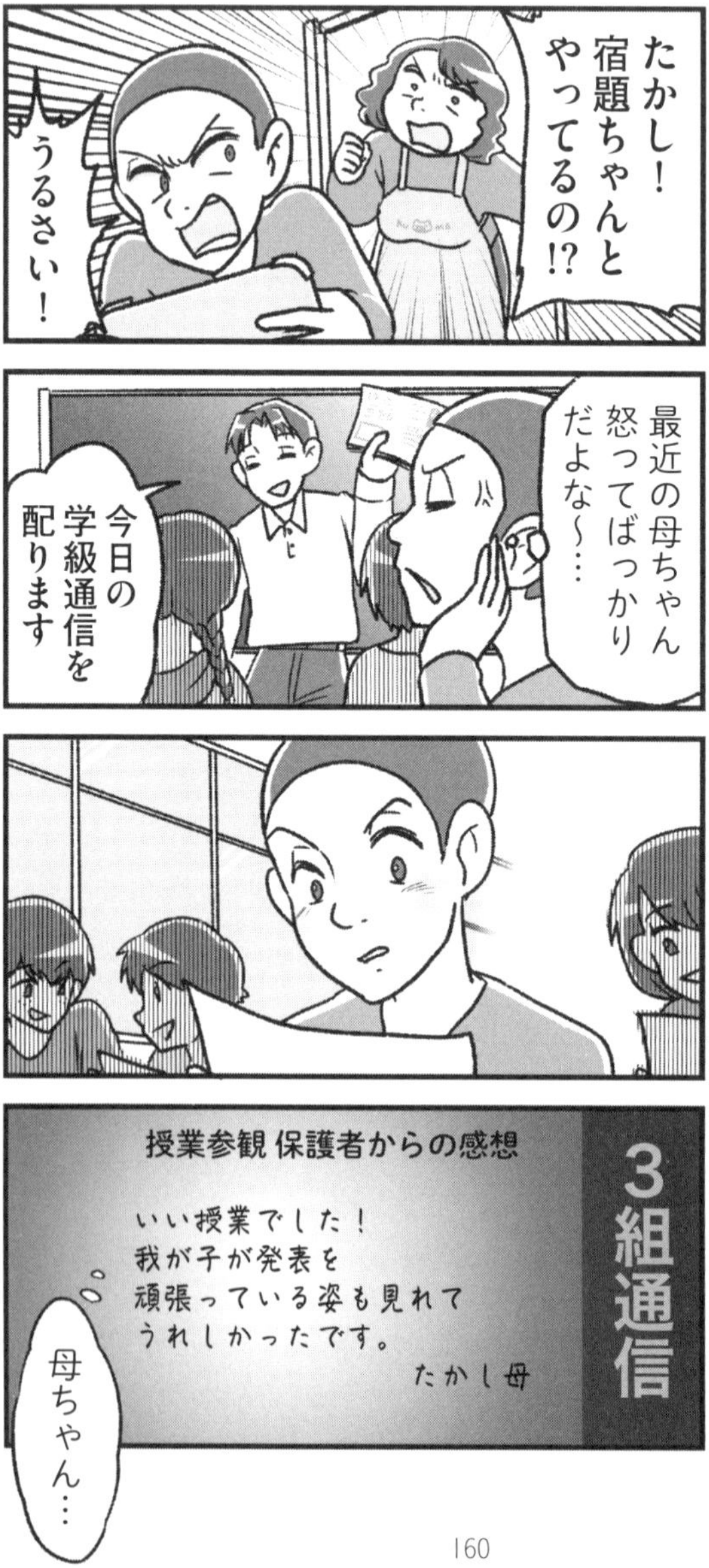
たかし！宿題ちゃんとやってるの!?
うるさい！
最近の母ちゃん怒ってばっかりだよな〜…
今日の学級通信を配ります
3組通信
授業参観 保護者からの感想
いい授業でした！我が子が発表を頑張っている姿も見れてうれしかったです。
たかし母
母ちゃん…

匿名希望の先生（中部地方／小学校教諭）

小学校教諭13年目。その中で10年近い期間、毎日学級通信を書いてきたという。デザインに工夫を加えたり、保護者のコメントを掲載したりと、内容はユニークで魅力的。

教師になった理由やきっかけは何ですか？

子どもの頃は両親の社宅に住んでおり、近所に年下の子どもが多く、よく遊んでいました。そうした環境で育ったこともあり、年下の子と接することが昔から好きでした。中学校2年生の時には保育所で職場体験をしたこともあり、保育所や幼稚園で働くことを考えて保育士や幼稚園教諭の免許が取れる大学に進学しました。

そこで、両親に「小学校の免許も取っておきなさい」と言われ、渋々ながら小学校に教育実習に行くと、すごく楽しかった。保育所や幼稚園とは違う、遊びだけではなくいろいろな側面から子どもたちに関わっていくことがすごくよかったです。その頃から教師になろうと考えるようになりました。

教師になってよかったと思うことは何ですか？

いろいろありますけど、仕事面では、小学校だと6年間、発達段階が違う子どもと関わることができる。成長段階に応じて接し方を変えていかなきゃならず、一辺倒ではいかない、工夫の余地があるということが面白いです。同じ4年生を受け持つのでも、以前のやり方が通用しないときもあったりして、対人間として子どもを尊重できる尊い職業だと思います。子どもは未来を担っていく存在でもありますし、プラスのこと・マイナスのことも含めて、子どもたちの様子を見ていると活力をもらえるし……そういうことに自分が関われているという事実にありがたみを感じます。

また、親になって思うことが、子どもファーストで考えることができる職業でよかったということ。3人子どもがいますが、「教員になったからわかった子どもとの関わり方、知らなかったらどうしてただろう？」と思います。もしかしたら、育児が上手くいかず、子どもにあたってしまっていたかもしれない。仕事の経験が育児にいかせているという感じです。

あとは、「先生に会えてよかった」と、感謝を伝えてくださるとき。もちろん、思ったようにいかないことの方が多いのですが、感謝されたときは良い仕事に就けたな

と思います。

教師はつらいと思ったのはどんなときですか？

今は思わないようにしているんですが、若い頃、初任から数年経験を積んだ頃は「子どもたちを変えよう」「自分なら何とかできる」「俺に任せておけ」という感じで天狗になっていた時期があって。でも、その時期に、状態が悪い子どもにクラス全体が引っ張られて、学級が上手くいかないことがあったんです。

同僚の先生に「どうしましょう」と、とにかく話して、相談して乗り越えられました。「長い人生、そういうときもあるよな」と楽観的に考えられるようになったと言いますか……。同じ職場の先生には助けられましたね。

小学生は6年生ですらまだ12年しか生きていません。後から思い返すと大変だったこともあるのですが、渦中にあるときは「子どものやることだから仕方ないよな〜」「憎まれ口たたくこともあるよな〜」という風に考えるので、つらくなることは少ないですね。子ども目線……子どもの立場に立つことを忘れず過ごしています。子どもではなく大人、保護者や同僚と大きくぶつかり合うこともなかったので、周りの人間には恵まれてるなと感じます。

教師を続けたいと思いますか？

続けたいのは、続けたい。ただ、まったく違う職種への転職は考えていないものの、育休中に自分を見つめ直す機会もあり……カウンセリングにも興味が出てきました。嫌だから教師を辞める、というのではなく、良い意味で、もっと子どもたちのためになることのために職を変えることはあるかもしれません。

育児休暇取得に際してつらかったことはありますか？

男性の育休が珍しいので「あっ、育休とるんだ」というような空気は少し感じました。今、現場は人手不足なので、育休をお願いしたとき管理職の先生に「学校としては痛手」とも言われました。育休も権利ですしね…権利の話を持ち出すと、周囲で働く他の人にも権利はあるので…難しいところもありますけど…。

でも、管理職の先生も痛手とは言いつつも、育休の申請を受け入れてくれました。過去に育休をとった経験がある女性の先生方も「育休とった方が良いよ」と応援してくださいました。SNSでは育休取得に関するトラブルの話もつぶやかれていたりしますが、自分の場合はそうしたトラブルはなかったですね。

学級通信に力を入れているとのことですが、学級通信の魅力や意義は何だと思いますか？

学級通信の魅力は色々あります。働き方改革や業務削減のために学級通信を書かない先生もいるという話もありますが、学級通信はむしろ業務改善につながるものと考えています。僕の場合は慣れや経験もあると思いますが、書き始めた当初より大分早く書けるようになりました。

学校は保護者から大切なお子さんを預かっています。学校で何をしているのか、どんな様子なのか、知りたいはず。日常的に思っていること、あの子素敵だなと思うことなどを発信できる……学級通信は保護者の方にプラスの発信ができます。こまめな情報発信で子ども・家庭・学校をつなぐのが学級通信です。

教師が保護者と接する機会は少ないです。懇談や家庭訪問だけだと年に数回程度しか関わりません。担任が教師として、というよりも、人間として自己開示していくことは大事だと考えています。

子どもと接する機会を作ることも大きいです。1日の中で、子どもと一緒にゆっくり話せる機会がないので、学級通信の文章や写真で子どもたちに還元していきます。それを見て子どもたちは「頑張ろう」って思えるし、「先生は自分のことを見てくれてる」って思ってくれる。また、学級30人全員に均等にフォーカスしていくのが難しいとき、「最近あまり関われていないな」と思う子どもを学級通信で取り上げる。例えば「こういう風に掃除を頑張っていました」とか……。そうやってつながることができるのは学級通信の魅力です。

毎日書いてたので、今日あったこと、思ったことをアウトプットする、整理するという意味もあります。授業の発問がよくなかったな、とか。厳しく言いすぎたな、とか。そういう反省も含めて。

保護者のコメントも学級通信に掲載されているとか

保護者を巻き込む「双方向型通信」は、「花は咲く先生」とも呼ばれる渡辺道治先生の実践を追試しているものです。家庭と学校をつなげたいという想いでやってきました。渡辺道治先生とつながる機会があって、そこで今までの自分のやり方がワンマンプレイになっていないか、と自省したんです。

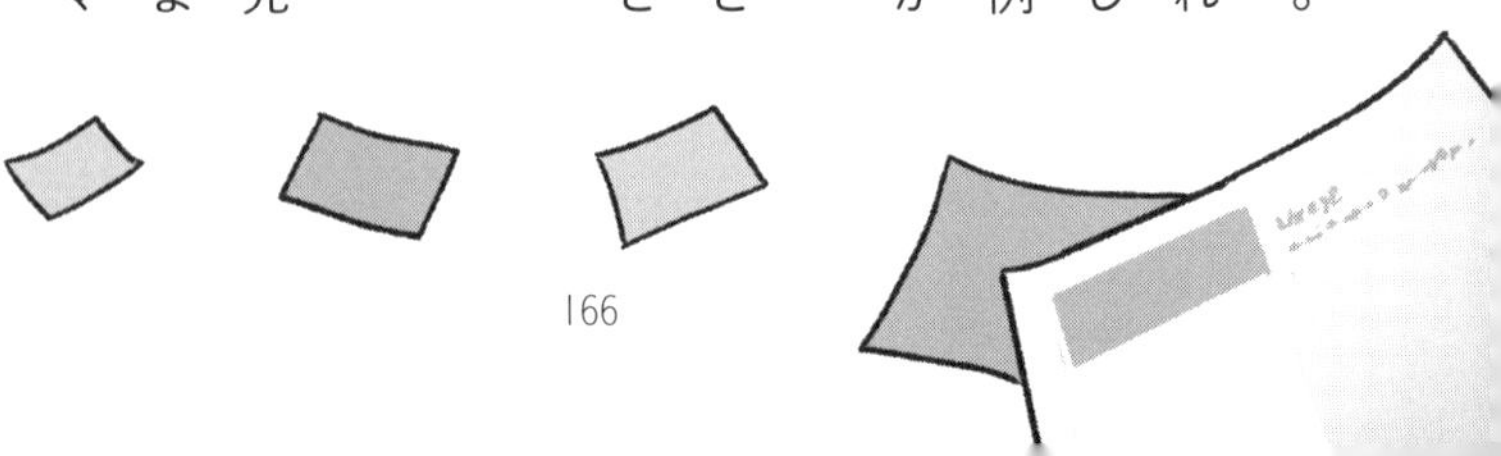

渡辺道治先生とは

小学校教員の仕事の傍ら、講演活動や執筆活動、福祉施設や医療施設での演奏活動を展開する教育活動家。著書『ＢＢＱ型学級経営』（東洋館出版、２０２２）の中で、保護者参加型の学級経営や双方向型通信について述べている。

「双方向型通信」は「保護者の力をもらって子どもたちの成長を見守っていこう。お家の人がメッセージを送ってくれたら載せていこう」という取り組みです。保護者も、書いたメッセージが通信に載ったら嬉しいし、そうやって見てくれてる。子どもが思春期にはいると、我が子を素直に褒めることができない人もいます。そこで、褒める場としても通信を使う。「皆さんで学級の成長を見守っていきましょう」という考え方が「双方向型通信」のもとになっています。

10年近く毎日学級通信を書いてきたとのことですが、毎日書くためのコツはありますか？

慣れや経験、スキマ時間の活用ですかね……と言っても、勤務時間後に書いてることも多いので、スキマ時間だけで書いているわけではないですが。

あとは、「素敵だな」と思ったときや心が動いたときに、素直に書くことですかね。良いことだけじゃなくてマイナスのことも書くようにしています。「これどう思う？」という風に。かっこつけて、良い話だけを書こうとせずに、素直に書く。これが毎日書き続けるコツじゃないですかね。

つらいときは休む、そして本当にしたいのがこの職業なのか自分に問うてみる

「つらい」にも色々なパターンがあると思うので、一概に頑張れとは言えませんが…自分のことを責めすぎているのなら「休もうよ」って思います。つらい状態の人は自分が頑張りすぎていることに気付くのも遅れているのではと思うので、体と心のメンテナンスを大事にしていきましょうよって思います。これは教職だけに言えることではないのですが、体や心を壊してまでするべき仕事なんてないと思っているので、まず休むことですかね。

　教師は魅力ある仕事だと思っています。こういうと何ですけど、公務員ですし、福利厚生もちゃんとしている。でも、本当に辞めたくなったら辞めてもいいと思います。子どもと関われるのは教師だけじゃないですし。例えば児童館の仕事や、それこそスクールカウンセラーや、辞めたくなったら、自分が本当にしたいのがこの職業なのか

どうか問うてみるべきかと。

辞めていかれるのはつらいですけどね。楽な人なんていないです。ネットでもつながりはありますし、頑張れるのなら、いろいろな人とつながって話して、いっしょに頑張っていけると思います。

特別支援に携わった経験が通常学級支援のつらさを変える

中学校教諭 キャベツ先生

明日の作業学習何しよう…
掃除は今日やったし…調理実習は来週の予定だし
2年2組時間割変更!? 聞いてない！
音楽じゃなくなってました…
1年の学年集会の付き添い行かなきゃいけないのに…
ごめんなさい特別支援のことはわからないから〜…
問題は担任のあなたが解決して、ね？
……………
大変そうだね話聞こうか？
特別支援学級の先生も苦労しています
壁を作らず職員みんなで支え合いましょう

キャベツ先生（30代／女性／中学校教諭）

教師だったご両親の影響で教職の道に。ここ2年間は通常学級の授業担当と特別支援学級の担任を兼任している。特支担任は高度な経験や知識が求められると語る。

特別支援学級の担任と通常学級の担任 両方を経験されてみて違うと感じる点はどこですか？

特別支援学級も障害の種別で分かれています。知的障害、肢体不自由、病弱・身体虚弱、弱視、難聴、言語障害、自閉症・情緒と……。受け持つ学級や、在籍する生徒の実態によって様子が全然違うので、ひとくくりにはできませんが、授業準備の大変さや空き時間のなさ、求められるスキルの高さ、通常学級と比べて閉鎖的であることが異なる点だと思います。

私は特別支援学級担任1年目で、知的障害の学級の担任になりましたが、授業準備は本当に大変でした。

授業準備の大変さは通常学級の授業とはまた違うのですか？

違いますね。特支（特別支援学級）の教育課程には、通常学級の教育課程にも含まれている各教科の学習、道徳科、外国語活動、総合的な学習の時間、特別活動のほか、「自立活動」を取り入れる必要があります。知的障害がある生徒については、それらに加えて「作業学習」「生活単元学習」も行います。

自立活動は学習上、または生活上の困難を自分の力で改善したり克服したりするための指導領域で、道徳教育や特別活動のように決められた授業時間の中だけではなく、他の授業や教育活動全体を通じて行われるものとされています。作業学習は、お菓子を作ったり掃除をしたり、いろいろな内容の作業を学習に組み込むことができます。生活単元学習は、生徒が生活上の課題を解決できるよう広範囲に各教科の内容を扱う学習です。

例えば、お菓子を販売するという活動を設定したとします。お菓子の制作は家庭科の学習、販売や接客は自立活動、お金の計算は算数や数学、といったように、複数の分野と関連する教育活動が生活単元学習です。自立活動、作業学習、生活単元学習の3つは担任裁量で活動内容を考えます。作業学習と生活単元学習は毎日2～3時間は時間割に組み込まれています。その上、決まった教科書やドリルがあるわけでもあり

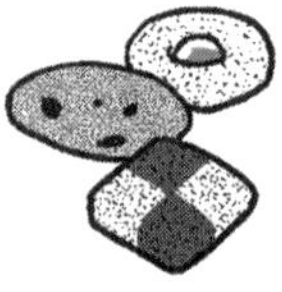

ません。毎日毎日、生徒の実態に合わせた活動を準備しなければいけません。

特別支援学級の生徒は、個々人でまったく実態が異なります。障害の種別によってクラスが分かれると言っても、複数の障害が重複している子どもも多いわけですし、一つの作業を続けることができない生徒もいますし、作業学習の時間だといってもやる気がない日だと全然作業できないですし……。生徒の実態に応じた活動内容なんて、経験や知識がないと思いつくものではありません。

地方の学校では教員数も少ないため、特別支援専門ではなかった教師が、通常学級の授業と併せて特別支援学級の生徒の活動を組まなければいけないことも多いです。空き時間もなく毎日がいっぱいいっぱいです。

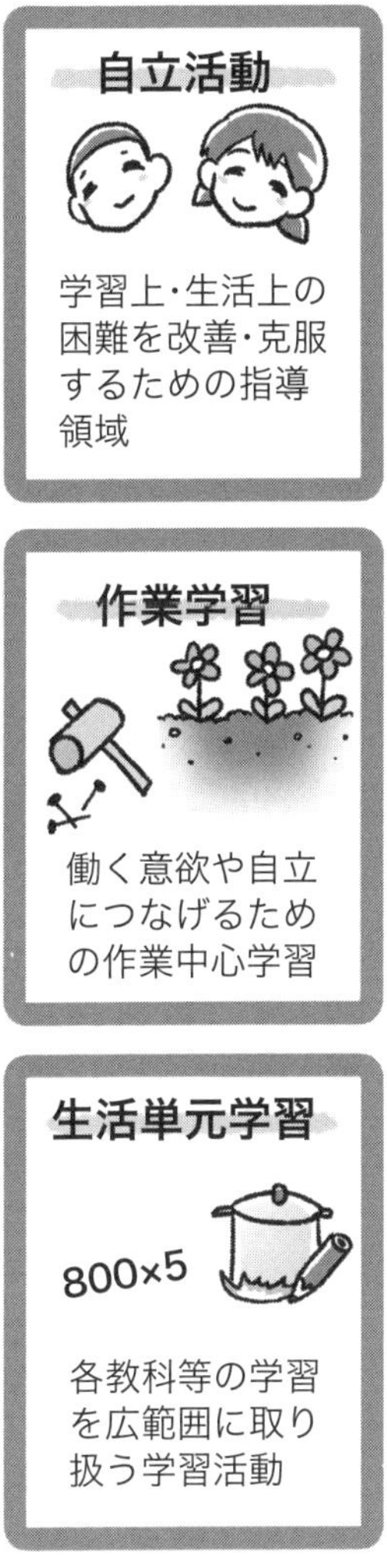
自立活動
学習上・生活上の困難を改善・克服するための指導領域
作業学習
働く意欲や自立につなげるための作業中心学習
生活単元学習
800×5
各教科等の学習を広範囲に取り扱う学習活動

決まった教材がなく
毎日の準備が大変！

※知的障害があるから必ず作業学習・生活単元学習を取り入れなければいけないという決まりはないようです。子どもの実態に応じて設定しない場合もあります。

それが求められるスキルが高いということなんですね

授業だけの話ではありません。私の話はあくまで個人の見解…そんな現場もあると思って聞いてほしいのですが…支援学級には、病院や児童相談所、スクールソーシャルワーカーなど、学校以外の施設や専門家とつながり支援を受ける必要がある子どもも多いんです。学校だけで行える支援の範疇を超えるケースが多い割には、その判断ができる先生が少ない。

私は、知的障害のクラスの担任になって1年目の時、なかなか指導が上手くいかず苦労しましたが、自分の指導のせいだと思い、学校で何とかしようと頑張っていました。しかし、それは違ったんです。翌年、新しく知的障害のクラスの担任になったベテランの先生が「学校の生徒指導の範疇を超えている」と判断し、学級の生徒は病院の精神科にかかって医療的な支援を受けることになりました。経験が浅い教師にそこまでの判断は難しいんです。

でも、特別支援専門ではない先生……それも、未経験の若い先生がいきなり特別支援学級の担任を任されてしまうことが多いです。ものすごく知識や経験、テクニックを必要とする分野なのに、何も知らない人を放り込んで「やれ」と押し付ける。かな

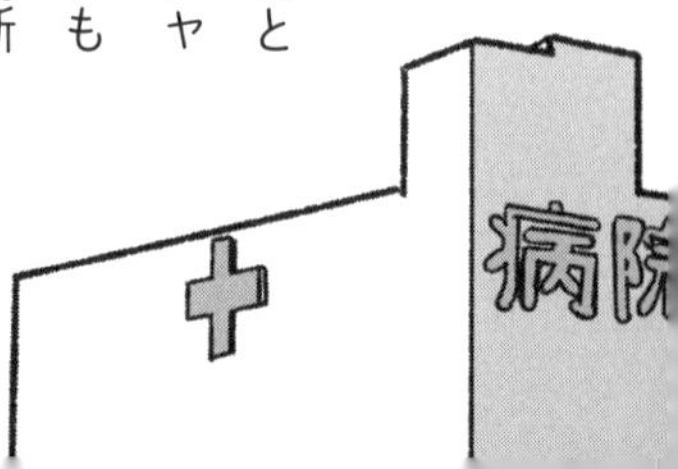

り特殊なことをしなければならず、本来なら一人でやるものではないのに、クラスの担任は一人だけ。こんなのおかしいです。

近年、通常学級にいる発達障害の子どもも含めて、特別な支援を要する子どもが認知される割合が増えた……という話もありますよね。特別支援教育も以前より充実してきたという風潮がありますが、私個人の感想としてはまったく充実していないと思います。現場は大変なんです。

閉鎖的とは具体的にはどういうことでしょうか？

通常学級と隔離されている感じがするということです。特別支援学級には1年生、2年生、3年生と、クラスの中に複数の学年の生徒が在籍しているため、常に学校全体の動きを把握している必要があるのですが、情報がなかなか入ってきません。交流学級の時間割変更も伝わってこないこともありますし……。これは教室配置の問題も大きい。通常学級と特別支援学級で教室の場所が離れているという学校は多いと思います。そのため情報交換がしづらい。物理的な原因で、特別支援学級が閉鎖的になってしまっています。

そして、通常学級の先生たちが閉鎖的な雰囲気を作っているようにも感じます。「あそこのクラスは違うから」「特別支援のことはわからないから」と言って近づこうとしません。特別支援学級の生徒は、「交流及び共同学習」といって、通常学級の中で授業を受けることもありますが、通常学級の先生の中にはよくわからないからという理由で特別支援学級の生徒とあまり関わりたがらない先生もいるのです。

生徒に対してだけではありません。教師同士の関係もそうです。壁があるように感じます。「あの先生は通常学級と違うから」という風に、通常学級と特別支援学級で区別されているように感じることも多いです。

中には、そうした点に配慮し、通常学級と特別支援学級で分け隔てなく接してくれる先生もいらっしゃいますが、そうした配慮をしてくれる先生は、だいたい特別支援学級の経験者です。学年主任の先生が経験者だと、とても仕事がしやすいし、ありがたいです。

教師を続けたいですか？

続けたいです。大変なことも多いですが、それを超えるくらいのやりがいを感じます。シンプルにこの仕事が好きです。常に新しい経験ができること、自分以外の誰かのために頑張れることは、教職の良さだと感じます。

Inclusive & Universal

特別支援学級の担任を経験できてよかったことは何ですか？

視野が広がったのは大きいです。特別支援について知らなかったこと、理解が浅かったことが、体感として理解できたのはよかったです。

生徒に関わる時にベースになるもの……例えば、個に応じた指導や生徒に寄りそって関係作りをするなど、教育活動を行う上で意識すべきことは通常学級と変わらないな、と改めて感じました。だから、通常学級の先生方も、支援学級の生徒だからといって変に遠慮したり、無理にご自分の指導方法を変える必要はないと思います。特別支援という枠組みではなく、その生徒個人に対して今の自分がどうアプローチするかが大切だと思っています。

つらい先生にも安心できる場所は必ずあります

学校はチームなので、一人で抱え込む必要はありません。自分のミスもみんなでカバーできます。それが難しいな、と感じた場合は環境を変えましょう。安心できる場所は必ずあります。

職員室を円滑に回すことで教師のつらさを軽減

小学校教頭 のぼさん先生

1年生遠足
クラブ活動
委員会
職員会議
PC
教頭先生 なかなか話に 入らないな
雑談はあまり 好きではない のかな…？
雑談の輪に 入りたい…
でも管理職の 立場上話に 入りすぎる わけにも…

のぼさん先生（40代／男性／近畿地方／小学校教頭）

小学校教諭として学校教育に携わった後、教頭に。管理職の仕事より担任業務の方がやりがいを感じたが、それでも教頭を続けるのは職員の支えがあるからと語る。

職員の支えとは、具体的にどういうことですか？

これといった具体的なエピソードがあったわけではないんです。学校を移動して教頭になったんですけど、プレーヤーからマネージャーになってわかったことがあります。教頭になったことで、いろいろな人の動きが見えるようになりました。この先生、こういう風に動いてくれているな……とか、事務職員の人はこんな仕事をしてるんだな……とか。自分個人が支えてもらっている、ということではなく、教職員みんなで学校を支えている、ということを再確認しています。教職員みんなが頑張ってくれている、だから、教頭としてそんな教職員を支えていかなければいけないなという想いがあります。

教職員との関係作りのために何に気を付けていますか？

担任してる時だとクラスの子どもそれぞれに、1日1回は声をかける……ということを意識してる人も多いと思うんですけど、それと同じで。職員室に関わる全ての人に1日に一言は声を交わすようにしています。

あとは、距離感を大切にしています。近いから悪い……ということではないのですが、誰かとの距離感を近くするなら、全ての職員との距離感も同様に近くしなければいけない。でも、職員全員との距離をすごく近く、ということは難しいので、ここという線引きを自分の中でしています。近すぎず遠すぎずというラインです。その上で、どの教職員とも同じ距離感を保つように気を付けています。特定の人とだけ親しいと「なんであの先生とだけ仲がいいのか」と他の職員に不審に思われてしまうので……。全て、職員室を円滑に回すためにどうするか、という考えにつなげていますね。

また、職員の会話が聞こえてきたときに、会話の輪に入っていきたいという気持ちをグッと我慢して入らないようにしていることも多いです。そこも管理職としての距離感を保つためと言いますか……。

自分のつらさを吐き出して、どんどん管理職に話しかけて

今つらい思いをしている方に、無責任なことは言えないけれど、もし身近につらいことが言える人がいるのなら、自分のつらさを言葉にして吐き出してほしいです。

学校には色々な立場の人がいます。「自分だけが」と思わずに、誰か話ができる人が一人でもいてくれたら、その人に話をしてみて頼ってくれればいいのではないでしょうか。一人でため込まないでほしいな。

また、他の職員と同様に、管理職にも頼ってみてほしいです。管理職はSNSでは叩かれがちです。これは自分が教頭になってみて感じたことなのですが、管理職も年齢層が変わってきており、以前よりパワハラ気質の人や、自分の意見を押し通すトップダウンのワンマンな人が減り、気さくな管理職が増えてきています。なので、どんどん管理職に話しかけてほしいです。待ってます！

のぼさん先生の話は47、87、89ページでも取り上げています。

教師のつらさを取り除くためにも行動を

埼玉県教職員組合 金井宏伸先生

SNSに投稿する愚痴も
先生の愚痴垢 @sensse
長時間労働つらすぎ
働き方改革はよ
カタ
カタ
カタ…
文書に起こせば立派な要求書に！
長時間労働是正の要求書
文部科学省は──、

金井宏伸先生（30代／男性／埼玉県／中学校教諭）

初任で埼玉県教職員組合に加入。２０２３年現在、三郷単組書記長、埼葛支部書記長、本部中央執行委員埼葛支部担当、青年部部長を兼任している。２児の父でもある。

教師になった理由やきっかけは何ですか？

自分自身が、現在担当している技術・家庭科（技術分野）が好きであったこと、子どもが好きで物事を教えることが好きであったことが理由です。

教職の道を歩むきっかけとなったのは、上記の思いを、高３の夏に中学時代の技術分野担当の恩師に相談し、「先生のような先生になりたい」と約束を交わしたことがきっかけです。

教師になってよかったと思うことは何ですか？

入学から卒業までの子どもたちの成長の過程を見届けられること。卒業式などで「先生ありがとう」と生徒たちに感謝されたとき。多くの人との関りが築けたとき。

子どもたちや保護者との関わりの中で自分自身も学び、成長できたときなどですね。

教師はつらいと思ったのはどんなときですか？

日々つらいと感じるのは終わりの見えない業務量の多さと部活動です。

部活動は初任の時、野球部とパソコン部の掛け持ちを。野球は未経験でよくわかりませんでしたが、野球部の顧問は監督として采配もしなきゃいけない。でも、多いんじゃないですか。こういう風に未経験の運動部を持つ先生も。空いているところにパッと入れられてしまう。

そうした長時間過密労働を強いられている中でのワークライフバランス、とりわけ子育てとの両立がかなりつらいものがあります。

どう乗り越えるかは、自身の生活や睡眠時間を削って、そのときそのときの仕事をこなしていくしかありません。

教師を続けたいですか？

もちろん、自身がなりたかった職業なので、続けたいとは思っています。前述のとおり、良いこともたくさんあるので。

ただ、自分自身の体調や家族との関りを考えたときに、「いつまでも続けたい」という自身の思いがある中で、「いつまで続けられるのか」という自問の方が、私の現状には相応しいと思います。

辞めたいと思うことは多々あります。終わりの見えない仕事量、自分自身の時間は全く取れない、家事や育児に時間をかけられないといった部分です。多くの先生方も同様の思いを抱えているんだろうと思います。でも続けられるのは、受け持っている子どもたちが立派に卒業していく姿が見られ、「ありがとう」と言われる、この一瞬に報われるからだと思います。

教職員組合の組合員としての活動について教えてください

組合員としては、初任で加入して以来、単組、支部、本部役員、専門部部長を務め、コロナ渦の2年間は、本部専従書記長としても活動してきました。現在は、三郷単組書記長、埼葛支部書記長、本部中央執行委員埼葛支部担当、青年部部長を兼務しています。

組合も年々加入者が減り、若い人間がいないため、兼務の連続でとても大変です。

特に問題意識を持って取り組まれていることは何ですか？

とりわけ意識的に、また各級段階で交渉を行う際に要求していることは教職員の働き方改革です。多忙化解消・負担軽減を少しでも前進させるために、市や教育事務所交渉では相手方の段階でも改善できる現場の問題を取り上げ、改善要求を行っています。また、部活動問題についてはとりわけ青年部交渉でその実態を伝え、労働問題として要求を重ねています。

教職員組合が声を上げ、現場を変えた事例も多いと聞きました

そうした事例はいくらでもあります。要求した翌年に制度が変わった、ということも。ただ、全国的に教職員組合の加入者が減っている問題があります。一校に一人や二人……なんてケースもありますし。組合の実績が他の先生方に伝わっていないことも多いです。実際は要求して現場を変えたケースがあるのに、組合員以外の先生はそれがわからない。興味を持って組合が何をしているのか追っているような人じゃないと、理解してもらえていない現状があります。

今後どのように活動していきたいですか？

年々全国的に組合加入者が減少し、特に若い人たちは教員の働き方についてＳＮＳで吐露しているだけで、自分たちが運動として声を上げるということはしていません。そんな若い世代に、労働組合に加入し、組織を強く大きくして働き方も含め、教職員の勤務労働条件を改善していく重要性を何かで伝えられたらとは思っています。

ＳＮＳで現状を嘆く先生方は確かに多いですね

ＳＮＳを見てても、「残業代出ない」「長期労働つらい」という投稿が多いし、それはみんな思っていることだと思います。ただ、あーだこーだいう割に、職場で何か行動を起こしているのか……というところまではいっていないと感じます。不満はあるけど、同調圧力に負けて何も言えなくなってしまっているというか……。

例えば、職員会議が終わった後で「長くなった」「あの件はこうすべきだった」と文句を言う先生がいます。会議の場で同じことを言えば改善できたことかもしれないのに、波風を立てたくないという想いで、会議中は何も言わない。
現状を変えたければ、陰で文句を言って終わりにせずに行動をしていくべきだと思います。組合加入うんぬんを別にしてもそうだと思います。組合活動を通してでなくても、行政や教育委員会に対して訴えを起こすことはできます。
一時期、SNSの「#教師のバトン」で教職員からの本音が投稿されていったことが話題になり、かなりバズりましたが、それで何か変わりましたか？

教師のバトンとは

現場の教師や教職を目指す方々にSNSで教職の魅力を発信してもらい、教師の成り手不足解消につなげる目的で、2021年に文部科学省が立ち上げたプロジェクト。文部科学省の意図に反し、多くの教職員が過酷な労働環境や文部科学省への不満を訴える結果となり、プロジェクトは大炎上。この騒動は、当時の文部科学大臣・萩生田光一氏が会見で触れるまでに至った。

教員数が増えたり、予算が増えたり、給特法が大きく変わるようなことはないはずです。SNSの投稿で終わってしまうと、ただ傷をなめ合うだけになってしまう。主体になって声を上げて行動しないと何も変わらないです。

給特法とは

公立の義務教育諸学校等の教育職員の給与等に関する特別措置法。教師の残業代は「教職調整額」という名目で、給料月額の４%を支払うことを定めた法律。

この「給与月額の４%」という数字は、給特法が制定された１９７１年当時の教師の毎月の残業時間平均８時間を基準に算出されたもの。しかし、２０２２年度に文部科学省が行った教員勤務実態調査では、一ヶ月の残業時間の平均は公立小学校教員で約82時間16分、中学校教員で１００時間56分となっており、給特法は現代の勤務実態と合っていないとして問題視されている。

法改正の話も出ているが、制度が大きく変わるかどうかという点については疑問も残る。

埼玉県の、田中まさお先生の裁判事例もあります。

田中まさお裁判とは

教師に残業代が出ないのは違法だとして、当時定年退職前だった小学校教師の田中まさお先生（仮名）が２０１８年９月、埼玉県教育委員会を相手に訴訟した裁判。裁判の結果は敗訴に終わったが、勤務時間外に教師が行っている作業の一部が労働だと認定されることになった。

なお、田中先生は敗訴後の２０２３年「第二次訴訟」を提案、原告を全国の教師から募集した上で集団訴訟を起こそうと呼びかけている。

田中まさお先生は再任用の先生です。再任用の先生があやってアクションを起こしてくださっているのに、ＳＮＳを見ても「頑張れ、頑張れ」と乗っかって応援する人ばかり。それだけでは無責任ではないでしょうか。

労働組合は数の力なので、教員が増えれば当局側も問題を無視できなくなると思います。

「愚痴も磨けば要求に」という言葉があります。ＳＮＳで書く愚痴も、紙に起こせば立派な要求書になるんです。

嘆くだけではなく、行動を起こすことが大切なんですね

ＳＮＳで言って終わりじゃなく、相手に要求する。今はネット運動もありますし、田中まさお先生のように個人で裁判を起こす方法もあります。陰で文句を言って終わりにせず、行動を起こして、前進していきませんか……ということが、他の先生方に伝えたいメッセージですね。

仕事がつらい先生は一緒に声を上げましょう

つらい時にどうしたらいいか…こういう質問はよく周囲の先輩などに相談して、自分一人で抱えないで…ということが多いと思います。もちろんそれも日々の中では大事なことなのですが、仕事がつらい先生方には一緒に声を上げてもらいたいのです。労働組合に加入し、私たちが持つ権利等を学び、働き方を変えていくために一緒に頑張ってもらいたいと常々思っています。

高等学校講師 モーリー先生のナミビア体験談

青年海外協力隊への応募から、ナミビアに勤務することになった。ナミビアの学校では入学式などの式は一切なく、1日目から授業開始。朝7時から始まって14時くらいに終わる。1コマ40分で8コマとかある。生徒たちは意欲的で“Study Hard”という言葉が大好き。でも、能力や習慣がついていかない。反対に教師はあんまりやる気がない……あるのかもしれないけど、それほど行動してない。そして先生への尊敬がすごい。学校が断水することがしばしばあったが、断水が長引き給水車が来た時は教師が最優先で水をもらうようになっていた。この他、教科書が貸出しだったり、筆記用具やノートが学校から支給されたり、中学校で留年があるため、子どもの年齢が前後しても問題なかったり、日本との違いはたくさんあった。

モーリー先生（島根県／40代／男性／高等学校講師）

第10章
つらい先生にメッセージ

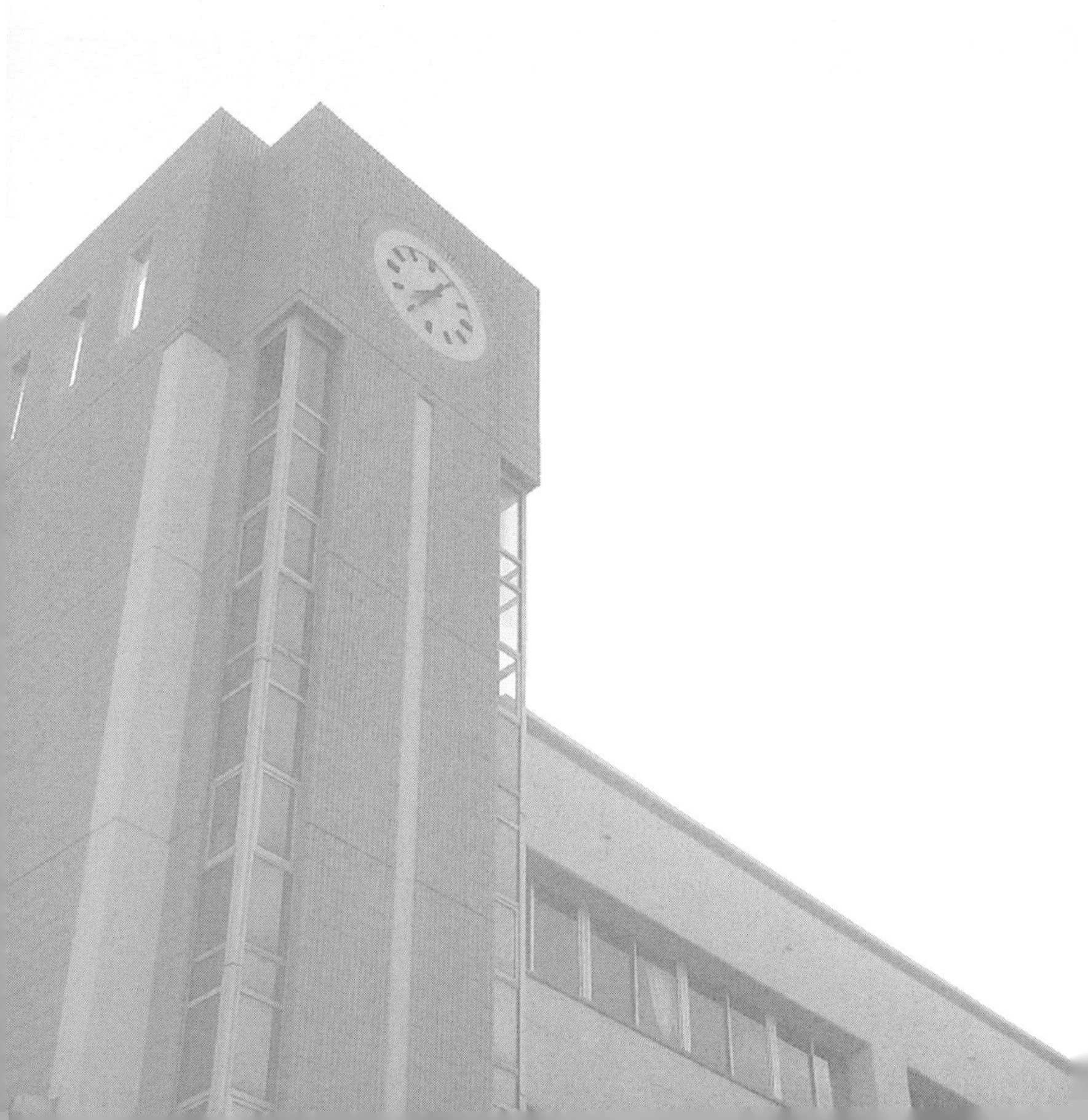

かんちゃん先生（30代／男性／小学校教諭）**より**

先生と同じ苦しみを、今も昔も多くの先生が経験しています。しかし真面目な人ほど、「自分の悩みは大した問題ではない」と自分のつらさを過小評価しがちで、誰にも相談しないことが多いです。困ったときは、お互いさまです。ひとりで苦しみを抱えずに、周囲の人を頼ってください。きっと、あなたを手助けしてくれる人がたくさんいるはずです。先生自身が明るく楽しく働かれることが、子どもたちにとっても大切だと思っています。自分自信のことも大切にしてください。

クリームカルピスソーダ先生（30代／女性／小学校教諭）**より**

今、自分もつらいです。相談が近道です。周りに頼ってください。

ナリ先生（熊本県／40代／男性／小学校教諭）より

まずその先生が職場にいるだけで、私は職場にとてつもなく貢献してると思っています。そのクラスをその教科の授業を維持されてるだけで素晴らしいです。ですから、ご自分をダメだと思わないでほしいです。つらい状況は誰にでも起こります。だから、つらい状況の先生はとても価値ある存在です。もちろんボロボロになるくらいなら休んで欲しいと思います。自分を壊すまで頑張る必要はありません。回復して、またボチボチやっていけばいいと思います。卑下する必要も罪悪感を感じる必要もありません。まずはつらい状況の先生の心身の健康を回復することが大事です。

三色団子先生（20代／女性／中学校教諭）より

続けてもいいし続けなくてもいいし、自分を第一に考えてください。

高野智子さん（大阪府／20代／女性／元小学校教諭）より

教師を辞めた身として思うことは、やっぱり子どもたちと関係を作って、普通の会社ではできないような経験ができる教師は魅力的な仕事だということです。その一方で、ずっと教師を続けるんじゃなくて、一歩踏み出すことが良かったとも思います。ずっと教師を続けることも良いことだと思いますが、仕事がつらくなりすぎて、生活が苦しくなるぐらいなら、辞めてみて違う仕事に一歩踏み出すのもいいんじゃないかと思います。

また、つらいときは、近場の飲み屋や、友人や、学校以外の人と話す時間を作ってもらえればと思います。私は教師2年目のときに、家に寝に帰って起きて、また学校に行って……という生活を続けていて「あー、このままじゃダメだ」と思いました。他の環境の人と関わる時間も大事にしてほしいと思います。

ミルクティー先生（栃木県／30代／男性／中学校教諭）より

今の教員は本当に忙しいし、たくさんのことを求められています。上手くいかないことがあって当たり前。それでもここまで続けているあなたは、素晴らしいです。先生としての素質が十分にあります。そんな素晴らしい先生を応援している人はいます。すぐ近くには少ないかもしれませんが、世界を広げればたくさんいるんです。上手くやろうとしなくていいです。続けられるだけで十分です。頑張ってください。

な病んでる先生（岩手県／40代／男性／中学校教諭）より

自分しかできない仕事なんてない。休んでも大丈夫。仕事のせいで病むなんて、ダメ！

たま先生（40代／女性／中学校教諭）より

教師という仕事は、手を抜こうと思えばいくらでも抜けるし、逆に手をかけようと思えばいくらでも仕事を見つけることができます。大切なことは、今の自分の心と身体を大切にして、できる範囲を見極めること、そしていかに的確に仕事の断捨離をしていくかということだと思います。仕事がつらいということは、きっととても頑張っているんだと思います。まずはたっぷり睡眠をとって、自分のために時間を使ってあげてください。

転職中元教師さん（東京都／30代／男性／元中学校教諭）より

人生一度きりなので、自分と向き合う時間を大切にして、悔いのないように生きてください。

モーリー先生（島根県／40代／男性／高等学校講師）より

無理して教師をしなくてよろしい。無理をしてないなら教師をしたらよし。世の中にはいろいろな仕事がたくさんある。日本以外にも住む場所は山のようにある。どこでも生きていける。数ある中で選んだのが教師なのか、はたまた流れに沿っていたら教師なのか。今一度考えてみよし。

ぺんぺんぐさ さん（福岡県／30代／女性／元中学校・高等学校講師）より

先生の成り手がいないと言われている時代、少しずつ労働環境が整備されつつあるようですが、やはり大変な仕事には違いないです。それでも、いつの時代も、もがきながらも少しずつ成長する人の姿には心を打たれます。

プライベートもぜひ大切にしつつ、体と心を壊さない程度に頑張ってください。ご健闘をお祈りしています。

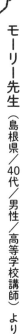

特別支援常勤講師5年目の先生（大阪府／20代／女性／特別支援学校常勤講師）より

私はもし、赴任した先で人間関係が合わなくても1年後に出たらいい…個人の仕事量が多いなら、周りに救いを求めたり、どうにもならなければ管理職にも伝えたらいい…と思いながら働いています。周りの環境と自分が合わないと感じたら、無理に続ける必要もないです。教員以外でも仕事はたくさんありますから。私はたまたま環境に恵まれて、先生として5年目ですが、耐えられない環境になれば、すぐにでも無職になる気です。教員をすることに対して、働くことに対して、それくらい軽い気持ちでいいと思います。私の場合は、お金さえ頂ければ、その分の仕事は多少嫌なことでも頑張れます。お金の割に合わなくなったら、すぐにでも退職を検討するでしょうね笑

匿名希望の先生（中部地方／男性／小学校教諭）は１６０ページに、
キャベツ先生（30代／女性／中学校教諭）は１７０ページに、
のぼさん先生（近畿地方／40代／男性／小学校教頭）は１７８ページに、
金井宏伸先生（埼玉県／30代／男性／中学校教諭）は１８２ページに、
それぞれメッセージを記載しています。

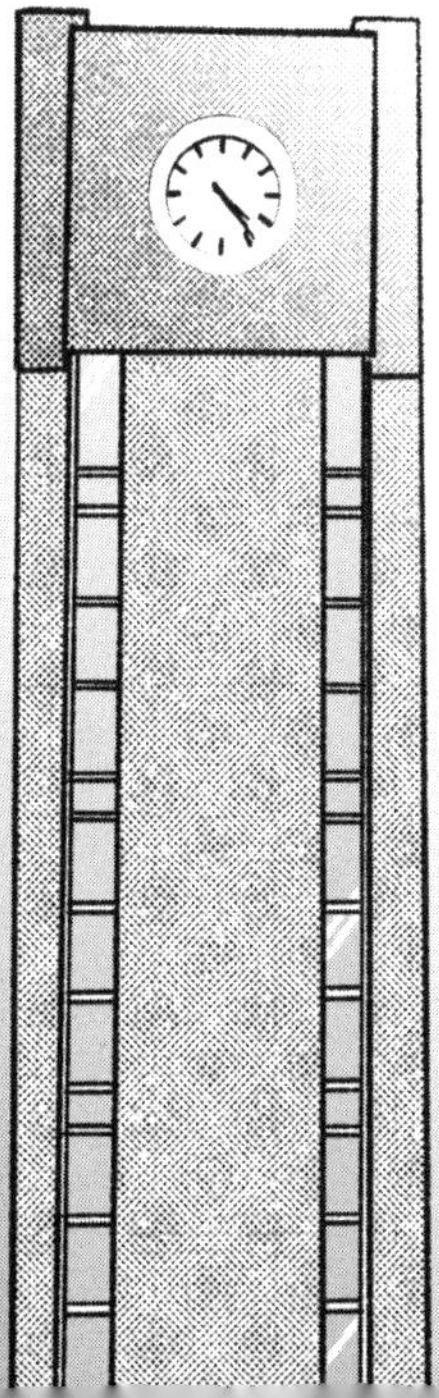

おわりに

「本企画の今日的必要性を強く感じております」

かもがわ出版の三井隆典会長からいただいたメールにあった言葉です。教師の負担をまるで考えない学校のシステム。年間5000人も病休の職員が出るような学校現場。加速する教員不足。そして教員不足によってさらにブラック化する学校の労働環境…。そんな状況だからこそ、現場で苦しんでいる先生を助け、現場の外の人たちに問題提起をするような本が必要だと…。

学校現場の実情を伝えたり、訴えを起こしたり。そうしたことも大事だと思います。私はそれに加え、教師一人一人がもっと自分自身のことを大切にし、無理をしない働き方を選択することが学校現場改善のために必要だと考えました。本文中でも触れましたが、何でもかんでも他人を優先すると際限がなくなります。個々の教師が子どもや保護者を優先しすぎることによって、学校全体に求めるハードルが上がります。滅私奉公の結果として学校現場の惨状が生まれているなら、どこかでそれをストップしなければいけません。そうした思いから書いたのが本書『教師がつらいとき読む本～教職を少しでも長く続けるための無理をしない働き方～』でした。

負担が少ない働き方を探す。無理のない休み方を見つける。つらくないやり方を探す。不要な仕事は断る。自分の意見も述べる。手を尽くしてみて、それでも無理だと思うなら現場を離れる。自分にとって何が一番いいのか考える。その積み重ねが学校全体のためになるのだと信じています。本書がその一助となれば幸いでございます。

最後になりましたが、アンケートやインタビューにご協力くださった、匿名希望の先生、キャベツ先生、のぼさん先生、金井宏伸先生、三色団子先生、転職中元教員さん、かんちゃん先生、特別支援常勤講師5年目の先生、ぺんぺんぐささん、ナリ先生、モーリー先生、ミルクティー先生、高野智子さん、な病んでる先生、たま先生、クリームカルピスソーダ先生。いつも応援してくれている私の家族と友人たち。前作の『不登校日誌』からずっとお世話になっている編集者の神崎夢現さん、三井隆典会長をはじめとした、かもがわ出版の関係者様。この本の出版にお力添えくださった全ての方に感謝申し上げます。

観世あみ

主要参考文献

『教師の心が折れるとき』井上麻紀（大月書店、2015）
『教師崩壊 先生の数が足りない、質も危ない』妹尾昌俊（PHP新書、2020）
『教員という仕事　なぜ「ブラック化」したのか』朝比奈なを（朝日新聞出版、2020）
『策略―ブラック新卒1年目サバイバル術』中村健一（明治図書出版、2021）
『あと30分早く帰れる！　子育て教師の超効率仕事術』宇野弘恵（学陽書房、2023）
『学校がしんどい先生たちへ　それでも教員をあきらめたくない私の心を守る働き方』ゆきこ先生（KADOKAWA、2023）
『特別支援学校教諭になるには』編著者 松矢勝宏、高野聡子、宮崎英憲（ぺりかん社、2020）

『学校問題解決の視点』東京都教育相談センター（2012）
https://e-sodan.metro.tokyo.lg.jp/pdf/works/solve_problems_f.pdf
「特別支援学級の教育課程について悩んでいませんか?」島根県教育センター（2019）
https://www.pref.shimane.lg.jp/matsue_ec/index.data/kyouikukateiver.2.pdf
「ハラスメント対策パンフレット・リーフレット」厚生労働省（2022）
https://www.no-harassment.mhlw.go.jp/pdf/pawahara_gimu.pdf

著者略歴

観世あみ

漫画家。元公立中学校美術科教諭。

２０２４年２月現在は、公立小学校の特別支援教育支援員や学童保育の非常勤支援員として子どもと関わる仕事をしながら、学校教育などをテーマ創作活動を行っている。

著書に『コミックエッセイ 不登校日誌 教師と保護者による心のサポート術』（廣済堂出版、２０２３）がある。また、岐阜県関市の関牛乳株式会社が実施した、廃棄牛乳を減らすことを目的とした「ミルクコミック企画」では、学校給食の牛乳瓶に掲載する漫画を制作し、小学生を対象に牛乳のキャラクターを考える出張授業も行った。

ウェブサイト　https://amiakihiko.com/
X（旧ツイッター）https://twitter.com/amiakihiko

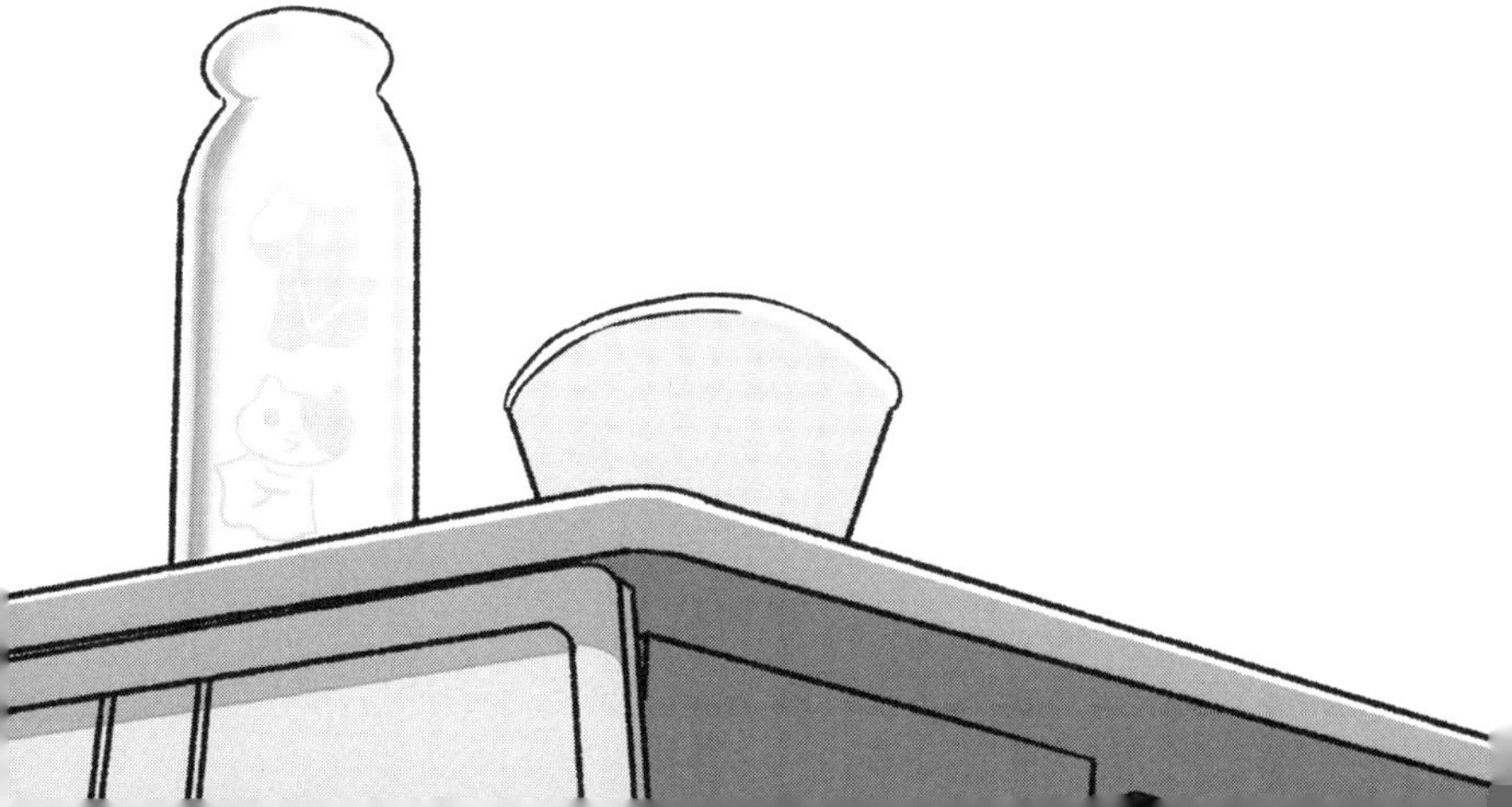

教師がつらいときに読む本
教職を少しでも長く続けるための無理をしない働き方

2024年3月15日　第1版発行

絵・文　観世あみ
発行者　竹村正治
発行所　株式会社かもがわ出版
〒602-8119　京都市上京区堀川通出水西入ル
TEL 075(432)2868　FAX 075(432)2869
振替 01010−5−12436
ホームページ http://www.kamogawa.co.jp
印刷所　シナノ書籍印刷株式会社

編集・デザイン　神崎夢現[mugenium inc.]
本文組版　小石和男
企　画　mugenium inc.

ISBN978-4-7803-1318-5 C0037

定価はカバーに表示してあります。
乱丁・落丁本はお取り替えいたします。